북한의 과학기술 교육체제

북한의 과학기술 교육체제

권 완 도 著

 한국학술정보㈜

책 머리에

　최근 남북한의 정치적인 변화에 따라 남북교류가 활발하게 진행
되고 있고, 통일에 대한 논의도 활발하게 전개되고 있다. 우리는
그동안 열강들의 세력다툼에 희생양이 되어 남과 북이라는 극단적
인 이념으로 동족상잔의 비극을 경험하게 되었고, 지금까지도 남
북한의 적대관계를 유지하고 있다.

　한반도의 남북통일은 어떤 특정 계층만의 교류가 아니라, 민족
의 동질성을 실현하기 위한 민족의 문제이기 때문에, 우리가 원하
는 남북통일은 단일정치체제의 형성이나 지역적 통합만을 의미하
는 것이 아니고, 이념과 감정을 같이 하는 민족의식을 바탕으로
한 민주적 통일을 의미하는 것이기 때문에 통일에 대비하는 교육
적 과제가 더욱 중요하다고 할 수 있다.

　통일에 대비하여 교육적 과제를 효과적으로 수행하기 위하여 요
구되는 일들이 많이 있을 것이나, 그것들에 가장 우선시하여 북한
의 교육 문제를 분석하고, 북한이 원하는 적화 통일에 얼마나 과
학적 기초가 적용되었는가를 분석하여, 남북한의 동질성을 실현하
기 위한 연구가 가장 절실한 시점이다.

　한민족의 당연한 목표인 통일을 위해서라도 이러한 이질화의 가
장 큰 원인이 되는 북한의 교육에 대한 실상을 파악하는 것이 가
장 시급한 과제이다. 따라서 지금의 시점에서 북한의 교육에 대한

연구는 매우 긴요한 과제라고 할 수 있다.

한반도의 남북통일에 대비하여 북한에 대한 정확한 인식이 강조되고 있는 작금의 현실에서, 여러 가지 방법으로 북한에 대한 다양한 정보를 얻을 수는 있겠으나, 그들의 내면세계를 정확하게 이해하고, 그들의 사상을 깊이 있게 파악하기에는 많은 문제점이 있다. 따라서 북한의 교육문제를 연구 분석함으로서 북한 지도부와 주민들의 내면세계에 어떤 교육적 영향이 미치고 있는가를 알아보는 것이 가장 중요한 문제라고 할 수 있다.

북한은 지금까지 수 년 동안 국제사회에 핵 문제로 세계의 언론을 집중시키고 있다. 북한은 그동안 NPT와 IAEA를 탈퇴하는 등 국제기구와의 관계를 단절하였고, 국제기구에서 동결시켰던 핵 연료봉을 재처리하기도 하였으며, 파키스탄의 칸 박사로부터 우라늄 농축장비인 원심분리기와 관련부품 및 설계도를 입수하기도 하는 등 국제사회의 평화적인 핵 이용을 거부하고 독자적인 행동을 계속하고 있다.

또한 북한은 2004년 8월 6자회담에 참여하면서 "플루토늄 14kg을 확보할 수 있는 핵 연료봉 8,000개를 재처리 했다"고 북한의 영변 원자력연구소 이홍섭 소장을 통하여 밝혔다. 또 이홍섭 소장은 영변을 방문한 미국 국립핵연구소 소장 헤커 박사에게 컨테이너 박스 안에 있는 두개의 유리병을 보여주며 자신들이 추출한 플루토늄은 무기급으로 안정화 돼 있다고 말하기도 했다.

2005년 11월 워싱턴 핵 비확산 학술회의에서 헤커 박사는 북한이 2년 정도 걸릴 것으로 예상되는 50MW급 흑연감속로의 원자로 건설공사가 완공되면 매년 10개 정도의 핵무기 제조가 가능한 플루토늄을 생산할 수 있다는 방북 보고서를 발표한바 있다. 현재까지 북한이 확보한 플루토늄은 핵무기 8개의 제조가 가능한 43kg가량으로 북한 전문가들과 핵 전문가들은 추측하고 있다.

핵은 첨단 과학의 부산물이라 할 수 있다. 이 첨단 과학의 부산물인 핵무기를 북한이 어떻게 독자적으로 개발할 수 있으며, 북한의 과학기술의 기초는 어디에 근원을 두고 있는가를 연구하는 것은 시기적으로 중요한 시점이라고 할 수 있다. 또한 북한이 과학교육을 학생들에게 어떻게 실시하고 있으며, 첨단 과학교육 분야에 대한 과학적 기초가 학생들에게 어떻게 적용되고 있는가를 연구하는 것은 시기적으로 가장 중요한 문제이다.

남북한의 통일에 대한 논의는 북한에 대한 올바른 교육적 인식 하에서 이루어져야 하고, 북한을 정확하게 알아야 한다는 것이 가장 중요한 문제이다. 따라서 북한의 실상을 정확하게 이해하는 가장 효과적인 방법은 북한의 교육내용을 분석하여 그들에게 주입되는 지식과 사상을 바르게 이해하는 것이 가장 효과적인 방법이라고 할 수 있다.

이 책에서는 북한의 과학교육 내용을 시기별로 분석함으로서 북한의 핵문제에 대한 과학기술 교육을 유추해 보았고, 북한의 과학교육 정책을 효과적으로 추리할 수 있다는 이론적 근거를 마련하고자 했다. 또한 북한의 교육이 사상성에 근간을 두고 있는 점을 감안하여, 북한의 과학교육 방법에 대하여 고찰해 보았고, 북한의 과학교육 배경과 그 특징을 분석하여 북한의 과학교육 내용이 북한 주민들에게 어떤 영향을 미치고 있는지를 분석하였다.

이에 독자들의 깊이 있는 비판과 조언을 당부 드리며, 이 책이 남북한의 화해와 협력의 바탕위에 평화통일로 가는 길목에서, 북한 전문가들과 연구자들에게 미약하나마 참고자료가 되기를 소망한다.

이 책이 출간될 수 있도록 협력하여 주신 한국학술정보(주)에 감사를 드리며, 그동안 늘 조언으로 격려해준 아내와 아빠의 판단과 생각에 항상 도전하는 대학생 딸과 고등학교 전교 학생회장으로 늘 바쁘게 보내는 자랑스러운 아들에게 평소에 함께하지 못한 미안한 마음과 고마움을 이 책으로 전한다.

2006년 2월

권 완 도

목 차

표 목차

그림 목차

I. 서 론

과학기술은 어느 국가나 국가의 형태를 유지하는 집단을 막론하고 그 국가 발전의 중추적인 역할을 하게 되며 과학교육을 통하여 나타나는 기술을 응용하고 체계화하여 전문기술인력을 양성하는 것은 그 나라의 국가 경쟁력을 강화하는 가장 중요한 요소라 할 수 있다.

따라서 모든 국가들은 첨단과학기술교육을 통하여 국가의 경쟁력을 강화하고 정규교육과정에서 과학기술교육을 중요시함은 물론 별도의 영재교육기관과 연구소 등을 설립하여 인재 양성에 노력을 집중할 뿐만 아니라 민간연구소의 연구내용이 국가적인 경쟁력이 있다라고 판단되는 경우에도 지원을 아끼지 않고 있다.

한 국가의 과학기술교육을 통하여 나타나는 과학기술의 수준은 그 국가의 경제력을 대변하고 국가 발전의 가능성을 진단하여 그 국가의 경쟁력을 평가하는 지표로 삼기도 한다. 물론 한 국가의 경쟁력을 평가하는 지표는 다양한 요소에 의하여 평가 될 수 있으나 과학기술교육에 의한 과학기술은 그 국가 산업의 발달에 가장 중요한 요소라 할 수 있을 것이다.

반세기가 넘는 남북한의 이질화된 교육의 문화는 과학기술교육에 있어서 전혀 다른 환경을 조성하여 왔고 북한에서의 과학기술교육이 군사적 목적으로 사용되는 특정의 분야에서는 국가적인 경쟁력을 갖춘 첨단과학기술에 접근했을지 모르나 특정 분야에서의 과학기술은 국가적인 경쟁력을 갖춘 과학기술이라고는 할 수 없다.

북한의 과학기술을 올바르게 진단하고 국가적인 경쟁력과 발전 가능성을 평가하기 위해서는 그들의 과학기술교육이 어떤 형태로 진행되어 왔고, 그들의 과학기술 교육정책은 어떻게 발전되어 왔으며, 과학기술교육의 내용은 무엇인가와 북한의 고등중학교에서 과학기술교육의 수준은 어느 정도 인가를 아는 것이 중요하다고 할 수 있을 것이다.

1. 연구의 목적

북한의 기초과학이라고 할 수 있는 고등중학교의 과학과 관련된 교육내용을 파악하여 그들의 과학기술교육 수준을 진단하고, 그들의 과학기술교육과 대학에서의 과학과 관련된 자연계열의 교육기관을 파악하여 그 발전 가능성을 예측하고 21세기 통일 한국의 과학기술 교육정책에 필요한 기초자료를 준비함에 그 목적이 있다.

사상과 이념이 전혀 상반된 환경에서 북한의 기초 과학기술교육을 정확히 분석하고 파악하기 위해서는 그들의 체제를 먼저 이해하여야 하며, 교육적인 관점에서 그들의 제도적 틀 속에 있는 인민학교 및 고등중학교의 과학에 관련된 교육에 대한 편성 및 운영을 분석하여야 한다.

오늘날 모든 국가들은 국가 발전에 원동력이라 할 수 있는 과학기술교육의 지원에 최선을 다하고 있으며 특히 첨단과학기술 분야는 국가적인 정책사업으로 간주하여 과학 영재들을 발굴하고 양성하여 산업의 발전과 국가의 경쟁력을 강화하는 첨병의 역할을 하고 있다.

21세기 통일 한국사회는 과학기술 문명이 지배하는 고도의 정보화 산업사회로 전망되며 선진과학기술의 문명사회를 만들기 위해서는 과학기술교육의 질적 향상과 우리 환경에 적합한 남북한의 통일된 과학기술교육의 체제를 구축하여야 할 것이다. 이러한 환경조성은 먼저 북한의 과학기술교육 현황을 분석하고 파악하는 일이 가장 중요하다.

본 연구는 북한의 과학기술교육을 분석함으로써 북한이 의도하는 과학기술교육의 목표를 효과적으로 추리할 수 있다는 이론적 근거를 마련하고자 한다. 또한 주요 교육의 내용에 따라 학습의 활동이 어떻게 전개되었으며 북한의 과학기술교육의 배경과 특징을 분석하고 내용을 파악하는 것을 목적으로 시도하였다.

북한은 최근 선진기술을 습득하기 위하여 과학기술에 관련된 정보를 제공하고 지원하는 국가와는 장기협정을 체결하고, 원조를 제공하는 국가와는 대외 과학기술 교류정책을 적극적으로 추진하고 있다. 남북한 과학기술의 균형적인 발전은 체제의 이질화를 극복하고 동질성을 회복하며 상호 이해의 폭을 넓히는 가장 중요한 기초가 될 것으로 사료된다.

2. 연구의 필요성

북한의 과학기술교육이 그들의 국가 발전에 어느 정도 영향을 미치고 있으며, 과학기술교육의 정책과 제도는 무엇이고, 과학기술 교육에 포함된 내용이 북한의 근대화에 어떤 영향을 미쳤는지를 추리하기 위해서는 반드시 북한의 과학기술교육에 대한 연구가 필요하다.

북한의 인민학교 및 고등중학교에서는 어떤 내용의 과학교과 수업을 하고 또 그 내용의 수준은 어떠하며 과학교과의 편성과 목표는 어느 정도 인가를 분석함으로써 향후 통일 한국의 과학교육 이질화를 극복하고 동질성을 회복하는 데 그 연구의 필요성이 있다.

(1) 정치적 필요성

남북한의 통일은 어떤 특정계층이나 특정집단의 교류가 아니라 민족의 동질성을 실현하기 위한 것이기에 우리가 원하는 남북통일은 단일정치체제의 형성이나 지역적 통합만을 의미하는 것이 아니고 이념과 감정을 같이하는 민족의식을 바탕으로 한 민주적 통일을 의미하는 것이기 때문에 통일에 대비하는 교육적 과제가 중요하다고 하겠다.

통일에 대비하여 북한에 대한 정확한 인식이 강조되고 여러 가지 방법으로 북한에 대한 정보를 얻을 수 있겠으나 그들의 내면세계를 정확히 알 수는 없다. 따라서 그들의 교육방법을 분석함으로써 그들의 내면세계에 어떤 교육적 영향이 미치고 있는가를 알아보는 것이 중요하다고 하겠다.

우리는 지난 과거사에 일제에 의해 강제 점령당하는 치욕을 겪기도 했고 2차대전 이후 열강의 세력다툼에 희생양이 되어 남과 북이라는 극단적인 이념으로 동족상잔의 비극을 경험하게 되고 지금까지도 적대관계를 유지하고 있다. 이러한 분단의 상황에서 정치권에서는 장관급 회담을 위시하여 총리회담과 남북한 정상회담을 갖는 등 다양한 남북한의 교류가 진행되고 있다.

최근 남북한의 다양한 물적, 인적교류에 힘입어 상호 화해 분위기가 조성되고 있으며 국제정세의 변화에 따라 통일에 대한 논의도 활발하게 전개되고 있다. 남북한의 이러한 관계 변화의 흐름에 있어 교육에 있어서도 이러한 변화의 영향이 미치기 시작하였다는 점은 자명한 일이라 할 수 있을 것이다. 향후 예상되는 한반도 통일에 대비하기 위하여 우리 사회는 모든 분야에 걸쳐 주도면밀한 준비를 해나가야 할 것이다.

(2) 교육적 필요성

북한에 대한 올바른 교육적 인식하에서 통일에 대한 논의가 이루어 져야 한다는 것은 자명한 논리이다.

최근 북한은 핵무기 문제로 1993년에 이어 두 번째 세계의 언론을 집중시키고 있다. 핵은 첨단과학의 부산물이라 할 수 있다. 이러한 첨단과학의 부산물인 핵무기를 북한은 어떻게 독자적으로 개발할 수 있으며 그들의 기초 과학교육이 어떻게 실시되고 첨단과학 분야에 북한의 교육적 기초는 어떻게 적용하고 있는가를 분석하는 것은 시기적으로 중요한 문제라고 사료된다.

통일에 대비하여 교육적 과제를 효과적으로 수행하기 위하여 요구되는 일들이 많을 것이나 북한의 과학기술교육을 분석하여 북한이 원하는 통일의 방식에 얼마나 과학적 기초가 적용되었는가를 분석하고 남북한의 과학기술교육의 동질성을 실현하기 위하여 본 연구를 시작하게 되었으며 한민족의 당연한 목표인 평화통일을 위해서 이러한 이질화의 가장 큰 원인이 되는 북한 교육의 실상을 파악하는 것은 긴급한 과제이다. 이러한 인식하에서 북한의 과학기술교육에 대한 연구는 매우 중요한 과제이다.

남북한의 관계 변화에 대처하여 통일정책을 추진하는 데 있어서 교육의 위상이 어떻게 실현되어야 하고 교육적인 통합과 관련하여 교육의 부문에 있어서 전략적인 연구의 필요성이 제기되고 있다.

현재 남북한은 교육의 목표와 교육의 내용에서 큰 차이를 보이고 있고 교육적인 측면에서 동질성보다는 이질성이 두드러지게 나타나고 있으며 또한 학습의 방법과 학습의 영역, 교과 편제 및 학습의 평가 등에서 차이가 있고 교육과정에 있어서 체제와 내용, 실험 및 학습의 전개과정에 대한 격차가 과학기술교육에 있어서의 세계적인 추세와는 다르게 전개되고 있다.

이에 통일에 대비한 과학기술교육의 정책수립과 남북한의 이상적인 통합과학 교육에서의 효과를 극대화하기 위하여 과학기술교육에 대한 새로운 방안을 수립하고 필요한 기초자료를 확보하여 정책적인 자료를 만들기 위해서는 반드시 본 연구의 필요성이 있다고 할 수 있다.

3. 연구의 제한점

본 연구를 연구함에 있어 가장 큰 문제점으로는 자료의 부족으로 인한 문제이다. 북한의 과학기술교육에 대한 원자료는 물론이고 국내에 보급되어 있는 이차적인 자료도 거의 찾아볼 수 없는 상황이다. 북한의 과학기술교육 분야의 자료는 정치, 경제 분야의 자료에 비하여 상당히 부족하고 입수하기가 어려워 연구의 어려움이 있었다. 이같이 북한의 과학기술 자료와 과학기술 교육 관련 자료에 대하여 국내에 입수된 자료가 부족한 것은 정부가 통일에 대비한 공감대를 형성하는 데 소홀했고 그만큼 우리의 관심에서 멀리 있었다는 증거일 것이다.

본 연구를 연구함에 있어 또 다른 문제점으로는 국내에 입수된 자료조차도 충분한 이용을 할 수 없었다. 자료의 빈곤 이외에도 자료의 관람과 대출이용이 제한되어 있고 대단히 까다로웠다는 점이다.

이와 같은 과학기술 및 과학기술교육 관련 자료의 제한점은 본 연구의 충실한 결과를 방해하는 결과로 나타나는 요인이 되었다. 뿐만 아니라 입수된 자료들 중에서도 대부분 문제점들이 많았다. 북한의 자료들은 간행물은 물론이거니와 교과서에서조차도 북한의 정부 주도하에 출판되는 출판물이기 때문에 북한의 체제를 선전 선동하는 점에서 그 신뢰성에 문제점이 있고 그나마 최근의 자료는 정확한 통계자료를 밝히지 않고 있다는 것이 큰 문제점이 되었다.

본 연구는 통일부의 북한 관련 자료실을 이용하였으며 북한 관련 민간 연구기관들의 연구자료와 정부기관의 공개된 연구자료 등을 참고하여 작성되었음을 밝힌다.

북한의 과학기술교육 관련 자료들에 대하여 통계된 자료가 없어 정확히 평가 해석할 수는 없다. 설령 통계된 자료가 입수된다 하더라도 그 자료를 정확히 평가하고 해석하기 위해서는 준거 척도가 마련되어야 하는데 현재로서는 준거의 척도가 마련되지 못하고 있는 상황이다.

북한의 과학기술교육에 대비되는 우리의 표준이 마련되어 있지 않기 때문에 북한의 고등중학교 과학기술교육 내용을 TIMSS[1]의 과학내용 분석틀에 준거하여 우리의 중·고등학교 교과내용과 비교하고 북한의 과학기술교육이 TIMSS의 분석틀에 포함되지 않는 내

---

1) 국제 교육 성취도 평가회(IEA)에서 세계 여러 나라 학생들의 수학 및 과학 성취도를 평가하기 위하여 1992년부터 TIMSS(the Third International Mathematics and Science Study)라는 국제연구사업을 수행하기 위하여 만든 과학내용 분석틀.

용을 발췌하고자 하였으며 가능한 부분만을 개괄적으로 비교하였다. 또한 우리의 정책 개선에 필요하며 과학기술교육의 교육적인 공감대를 형성하는 데 요구되는 제한점을 많이 발견하게 되었다.

본 연구는 이러한 연구의 제한점으로 인하여 구체적인 자료의 제시보다는 북한의 과학기술교육의 현황과 특징을 파악하고 분석하는 데 역점을 두었으며 특히 과학기슬교육을 위한 북한의 교육정책과 체제의 분석은 21세기 통일 한도의 중요한 과학기술교육의 정책 자료로써 활용될 수 있을 것이다.

본 연구에서 제시되는 자료들은 최근의 자료들의 빈곤으로 인하여 과거에 제시된 자료들을 인용하여 제시하였으나 부득이 제시되지 못하는 자료들도 있다.

또한 본 연구의 연구결과에 비교적 객관화하려고 노력하였으나 평가 해석의 기준이 우리의 현실과는 다르고 평가의 기준이 없어 불가피하게 주관적인 평가가 진행되었음을 밝힌다.

이상과 같이 본 연구는 많은 제한점을 가지나 북한의 과학기술교육 분야에 관한 집중적인 연구로써 향후 21세기 통일 한국 과학기술 교육정책의 기초가 되기를 기대한다.

II. 이론적 배경

1. 북한의 과학기술 교육정책에 대한 고찰

(1) 정책의 기본 방향

북한의 과학기술 교육정책의 기본 방향은 과학기술교육을 통하여 생산과 결합한다는 의미에서 방향이 설정되고, 과학기술의 연구에서 주체성을 확립한다는 의미에서 방향이 설정되며, 전통적인 과학기술을 전승 발전시킨다는 방향에서 파악 될 수 있다.

이는 북한의 기술적 당면 과제에 따라 시기별로 그 강조점을 달리 하면서 나타나는데 북한의 기본 경제정책의 요구에 따라 과학기술교육의 정책이 달라짐을 알 수가 있다.

북한의 과학기술 교육정책은 과학기술정책의 범위 안에 있음을 알 수가 있어 북한의 기본 경제정책과 관련하여 과학기술정책의 특징을 알아보고 이를 근거로 과학기술 교육정책의 기조를 살펴보고자 한다.

북한의 과학기술 교육정책과 특징은 기본 경제정책의 기조와 관련하여 요약할 수 있는데 북한의 경제정책 목표를 중공업 중심의 경제구조에 기초하고 있다는 것이다. 따라서 과학교육과 과학기술의 방향은 중공업 기술을 중심으로 시작하여 경공업으로 그리고 농업의 생산성을 증대하기 위하여 농업의 기술을 개발해 나가는 것으로 되어 있다.

또한 북한은 과학을 연구하고 개발하는 학문의 대상으로 보기보다는 경제발전에 필요한 하나의 도구로써 중요시하고 있다는 점이다. 따라서 북한에서의 과학기술교육은 순수과학 분야보다는 직접 생산에 응용되는 응용과학이나 실질적인 기술에 중점을 두어 과학기술의 가치를 북한의 경제력에 적용할 수 있는 것에 중점을 두고 있다.

북한의 과학기술 교육정책은 해방 후 1956년까지는 문헌을 통하여 과학기술의 도입과 보급에 노력하였고 1963년까지는 공업국가의 기초를 다지기 위하여 산업에서 필요로 하는 기능공의 양성에 역점을 두어 주체적 경제 발전을 달성하고자 하였으며 1970년대에 들어와 과학기술의 연구에 관심을 가지고 고등기술의 인재양성에 역점을 두고 노력하였다.

1970년대 이후 북한은 고등기술인력의 양성에 전력을 다하여 고등교육 기관과 과학기술 연구기관을 통하여 군사목적에 사용이 가능한 자신들의 주관적인 연구에 집중을 하게 되었다.

북한의 과학기술에 대한 이러한 일반적인 배경을 유념하고 북한의 과학기술교육에 대하여 살펴보고자 한다. 북한은 교육을 정치적인 목적달성을 위한 하나의 수단으로, 과학기술은 경제발전의 중요한 원동력으로 보고 있다. 따라서 북한의 경제발전이 정치적인 목적에 있다면 교육에서 과학교육을 강조하는 것은 당연한 논리이다. 북한은 1967년 교육의 체제를 과학기술교육의 체제[2]로 바꾸고 기술혁명을 위한 인재의 양성에 역점을 두고 있다.

북한에서는 생산과 직결하여 모든 인민들이 생산에 종사하여야 하고 생산에 연결되지 않으면 죄인의 위치에 있으며 생산의 현장에서 물리적인 생산을 강요당하고 있다.

북한의 대학교육에 있어서도 기술계와 인문계의 비율이 7 대 3 정도를 유지하는 것을 원칙으로 하고 있으며 교육의 목적도 생산에 연결되는 지식과 기술의 습득을 목표로 두고 있다.

북한의 교육에 또 다른 하나의 목적은 공산주의 사상을 철저히 주입시켜 공산주의적인 입장에서 쓸모 있는 기능인을 만들자는 것이다. 이러한 교육의 목표는 북한에 공산주의 체제가 도입된 이후로 지금까지 일관되게 유지시켜온 목표이다.

북한은 전후 복구에 수많은 기능공을 필요로 하게 되었고 이러한 기능공을 양성하기 위하여 1960년 학교의 체제를 개편하여 기술을 중심으로 하는 기술교육체제를 완비하게 되었던 것이다.

또한 야간학교를 만들어 직장의 성인을 중심으로 기능을 연마시킬 수 있도록 하였으며 원거리의 직장인들을 위한 통신의 교육을 실시하여 전 주민의 1인 1기의 기능공을 양성하고자 하였던 것이다.

이러한 조치는 기능공의 대량 양성에는 성공하는 듯 보였으나 사실상 양질의 기능공의 양성에는 많은 문제점을 안고 있어 더 이상의 발전에는 한계를 드러내고 말았던 것이다.

---

2) 북한교육관계 자료집, 국토통일원, pp.164-166.

북한에서는 대량으로 양성된 기능공의 질적 향상을 위하여 공장대학을 설립하고 산업체에서 유능한 기능공들의 재교육에 심혈을 기울였으며 일반적인 지식수준을 높이기 위하여 기술을 강화하는 교육을 하였고 학교교육에 있어서도 1967년 9년제 기술의무 교육체제로 개편을 단행하였다.

북한이 1960년의 개편에서는 과학기술의 교육내용상 지적했던 중요한 문제는 이론과 실천이 결합된 교육의 실현 및 교육과 생산노동의 결합이 문제였다. 북한은 학생들에게 이러한 사회의무노동제의 엄격한 이행과 교육에서 천리마운동을 강력히 추진하였던 것이다.

그런데 1967년의 개편에서는 일반교육과 기술교육 및 생산노동을 결합하는 문제가 제기되었던 것이다. 북한의 이러한 다방면의 발전된 새 인간을 길러 낼 수 있다는 것은 결합된 교육의 실천에서 만이 나타날 수 있다는 논리이다.

다시 말하여 한 가지 이상의 기술을 습득하고 전문지식을 보유하는 동시에 하나는 전체를 위하고 희생할 줄 아는 공산주의 정신에 투철한 인간을 길러 낼 수 있다는 것이다. 이러한 기술교육의 강조는 그 제도 및 내용에 잘 반영되고 있다.

북한의 교육은 인문계 대학 졸업자에게까지 기술자격제도를 만들어 일정한 정도의 기술을 습득해야만 졸업을 할 수 있도록 했고 심지어는 교원의 행정요원들에게까지도 한 가지 이상의 기술을 습득하도록 정책적인 제도를 시행하였던 것이다.

(2) 정책의 발전과정

북한의 과학기술교육의 정책은 지금까지 많은 변천을 거듭하여
왔고 이에 따라 교육제도도 변화를 거듭하여 왔다. 북한의 과학기
술 교육정책과 제도를 면밀히 분석하고 파악하기 위하여 먼저 교
육의 배경 조건인 경제정책과 과학기술의 진흥정책을 이해하여야
한다.

여기에서 북한의 과학기술 교육정책 및 제도를 그 특징에 따라
구분하고 그 변천과정을 살펴보고자 한다. 이는 북한의 경제정책
이 중요한 변동을 일으켰던 시기를 중심으로 구분하여 북한의 과
학기술교육에 대한 정책이 경제정책의 변인으로서 밀접한 관계하
에 발전되어 왔기 때문에 북한의 기본적인 경제정책과 과학기술
진흥정책을 연계하여 과학기술의 교육정책 및 제도를 분석 기술하
고자 한다.

북한 경제정책의 기본 목표는 자급자족 경제체제의 완성과 중공
업의 우선 건설 및 국방 경제 건설의 양면정책에 있다. 따라서 과
학기술교육의 정책이나 제도도 이에 알맞게 발전되어 왔다.

1) 제1단계 경제개혁 시기의 과학기술교육

이 시기는 1945년에서 1953년까지로 북한 경제정책의 기본 목표
에 따라 이 시기에 나타난 과학기술에 관련된 구체적인 경제정책
을 살펴본다.

북한이 최초로 경제정책을 시작한 것은 1947년 제1차 1개년 경제계획이다. 이때에는 기업소의 재건과 부흥에 그 목표를 두고 노력하였으나 과학기술 문제에 대한 구체적인 정책은 제시하지 못하였다. 그러나 1948년 제2차 1개년 경제 계획 기간에는 산업구조의 불균형 시정, 생산 원가의 인하, 기술자 양성, 노동 생산성의 향상, 농업생산의 증대 등의 목표를 설정함으로써 과학기술정책에 대한 정책을 제기하였다.

1949년과 1950년에 걸쳐 실시된 제1차 2개년 계획 시기에는 생산수단과 생산의 증대, 산업구조의 불균형 시정, 중요 소비재의 생산증대 등의 목표로 과학기술의 문제에 관심을 돌렸으나 6 · 25남침의 전쟁관계로 이러한 정책은 일단 중단되게 되었다.

이 시기의 경제정책의 기조를 바탕으로 교육에서는 과학기술 발전을 위하여 어떤 정책이 실현되고 제도가 수립되었는가를 알아야한다. 이른바 평화적 건설 시기라고 부르는 때부터 6 · 25동난 전까지는 북한의 공산주의적 독재 정치체제의 기초를 구축하는 시기로써 모든 부문에 걸쳐 지도 이념의 확립과 기구 개편에 주력하였다.

20개의 정강을 수립하여 북한의 시정방침을 발표하였던 1946년에는 여기에 반영된 교육정책이 교육에서 일본잔재의 청산과 노동계급의식을 고취시킬 것을 강조한 것이며 구체적인 방안의 제시는 없었다.

북조선 인민위원회라는 중앙집권이 1947년에 수립되자 처음으로 교육정책을 발표하여 '일하면서 배우자'라는 구호를 내걸고 직장기술교육을 중심으로 하는 학제를 개편하기로 결정3)하였다.

채택된 규정학제는 구소련의 학제를 모방한 것으로 5·3·3·4
제이며 종전과 다른 특징은 초급기술학교와 기술전문학교의 증설
그리고 성인을 대상으로 하는 직장기술교육의 체계화 등을 들 수
가 있다. 정규의 학교교육 체계에서도 학업을 전문으로 하는 교육
과, 기술을 전문으로 하는 교육으로 나뉘어 기술을 강조하는 제도
로 개편되었으며 더욱이 성인을 대상으로 하는 교육체계에서는 주
로 직장에서 요구되는 기술을 교육하는 것으로 되어 있어 이를 제
도화 한 것이 이 시기의 특징이며 후에 이를 더욱 강화하고 전문
화하는 방향으로 발전시켜 왔다. 정규의 학교교육에서 기술교육은
처음 초급기술학교의 교육을 강조했다가 점차 수준을 높여 기술전
문학교 교육을 강화하는 방향으로 변경하였다.

그 증거는 다음과 같은 글과 통계에서 반영되고 있다. '당은 인
민학교를 토대로 하는 초급기술학교를 점차 축소하는 한편 초급중
학을 토대로 하는 기술전문학교를 체계적으로 발전시키는 방책을
취하였다.'4) 북한은 북조선인민위원회 기슬교육 진흥에 관한 결정
서에 의하여 기술자 및 기능공의 양성을 중요 과제로 삼고 기술교
육기관 학생들의 우대를 개편하는 한편 기술계 학생을 우선적으로
외국에 파견하여 전문 기술자 양성을 시도하였으며 초급기술학교
및 기술전문학교와 학생수의 변천과정은 〈표-1〉과 같다.

---

3) 북조선 성인교육 및 직장교육 체계에 관한 결정서. 1947. 4. 8.
4) 북조선 인민위원회 기술교육 진흥에 관한 결정서. 1947. 6. 24.

〈표-1〉 북한의 제1단계 경제개혁 시기의 기술학교 변천[5]

(단위: 명)

년 도	초급기술학교		기술전문학교	
	학교수	학생수	학교수	학생수
46 ~ 47	68	19,785	19	5,058
47 ~ 48	28	9,767	44	13,631
48 ~ 49	18	4,868	55	17,336
49 ~ 50	17	3,903	55	23,061

북한은 6 · 25전쟁 중에도 기술계 학생을 소련 및 중국에 유학을 실시하였고 기술견습생을 외국에서 훈련시켜 왔으며 과학기술 전문가 및 고급 기술위원회 위원들을 전쟁의 동원에 면제하는 등의 특혜를 부여했다. 전쟁이 끝날 무렵 기술교육기관을 우선적으로 복구하기로 결정한 점, 각종 기술전문학교를 내각 직속으로 이전키로 결정[6]한 점 등은 기술교육에 중점을 두는 교육정책을 보여주는 것이며 교육체제는 〈그림-1〉, 〈그림-2〉와 같다.

북한은 기술자 양성에 관한 결정에 따라 기술전문학교에 초급부와 전문부를 분리 설치하고 교육연한을 종전의 3년에서 전공 분야에 따라 3년 6개월에서 4년으로 연장하였으며 이를 주간부와 야간부로 분리하여 그 규모를 확대[7]시켰다. 이 시기에는 〈표-2〉에서 볼 수 있듯이 야간기술전문학교의 수는 크게 증가되었다.

---

5) 북한의 과학기술 체제연구, 국토통일원, 1973, pp.17.
6) 공화국내각 결의서. 1952. 2. 28.
7) 공화국내각 결의서. 1953. 6. 12.

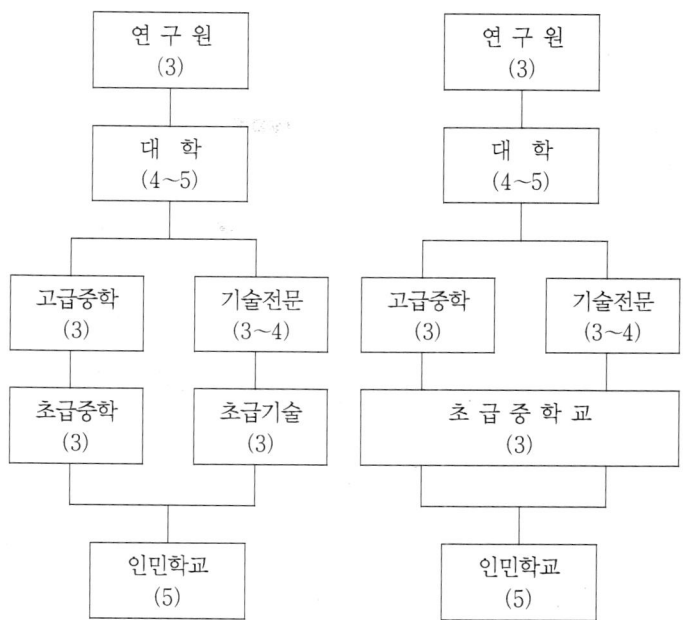

〈그림-1〉 북한의 제1단계 경제개혁 시기의 교육체제

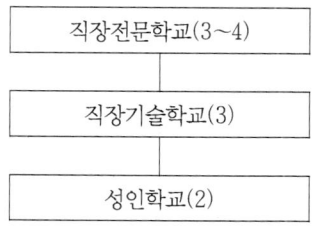

〈그림-2〉 북한의 제1단계 교육개혁 시기의 성인교육

〈표-2〉 북한의 제1단계 교육개혁 시기의 주야간 기술전문학교[8]

년 도	주간기술전문학교	야간기술전문학교
1949	55 개교	17 개교
1953	58 개교	46 개교

북한이 6·25 말기에 행한 중요한 조치는 전쟁의 동원으로 정규의 교육을 받지 못한 청년들을 위한 단기 교육제도를 만들었던 것이다. 즉 일부 대학에 2년제의 예비과와 3년제의 노동학원을 신설하여 자격 없이도 대학에 진학할 수 있는 길을 개방했다. 또한 주야간 기술학교를 대폭 확대하였으며 이들 학교를 이수한 자에게도 대학에 진학할 수 있는 기회를 확대시켰다.

2) 제2단계 경제개혁 시기의 과학기술교육

이 시기는 공업기술에 대한 집중 도입기로 1954년에서 1956년까지이다.

이 시기의 과학기술정책 및 제도를 이해하기 위하여 정치, 경제의 정책적인 배경을 살펴보면 1953년 8월 북한노동당 중앙위원회 제6차 전원회의에서 김일성은 전후 복구건설의 기본 방향을 다음과 같이 제시하였다. '경제복구건설의 방향은 장래 공업화를 위한 기초 축성으로부터 출발하여야 하며 전쟁의 과정에서 나타난 공업의 부족점과 북반구의 공업이 가지는 식민지적 편파성을 퇴치하여

---

8) 극동문제연구소, 북한전서(1945-1980), 1980, pp.286.

야 한다.' 이 같은 기본 방향의 제시는 전쟁을 위한 군수공업 체제로의 발전을 지적한 것으로 보아야 할 것이다.

북한이 전후 복구 3개년의 계획에서 내세운 목표는 전후 수준으로 파괴된 시설을 복구한다는 것이 제일의 과제로 되어 있다.

또한 사회주의적인 공업화의 기초를 구축하기 위하여 중공업의 우선적 발전을 도모하면서 경공업과 농업을 발전시킨다는 정책 과제를 제시하였다.

이 같은 정책의 방향에 따라서 과학기술정책이나 교육도 전쟁 중의 파괴된 시설을 복구하고 경제 건설에 필요한 기술요원을 양성하기 위하여 새로운 기술 교육기관을 신설하는 한편 야간 통신 교육체계를 이용하여 기술교육강좌를 실시하는 등 기술교육체제를 확대 강화하였다. 이렇게 채택된 정책은 1956년도에 실시되었는데 개편된 제도는 〈그림-3〉에 나타난 바와 같다.

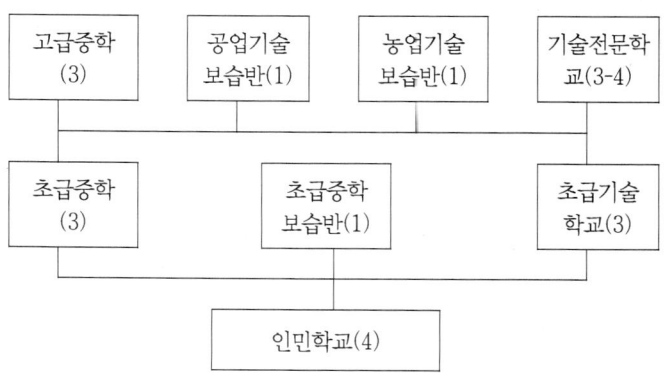

〈그림-3〉 북한의 제2단계 경제개혁 시기의 과학기술 교육체계

북한은 1953년 내각의 결정에 의하여 기술교육체제를 개편[9]하였다. 이는 기술자 양성을 목적으로 하는 기술전문학교와 야간기술전문학교의 증설, 고급기술자 양성을 목적으로 하는 2년제 직공학교의 설립, 기능공 양성을 목적으로 하는 6개월~1년제의 직장노동자학교의 설립, 기술 견습을 통한 기능공 양성을 위해 기능견습제의 신설 등이다.

최고인민회의 결정에 따라 직장학교를 확충하고 농업전문학교와 축산전문학교를 증설하였으며 일부 농촌 고급중학교를 수의 축산전문학교로 개편[10]했다.

또한 초급중학에 1년제 기술 보습반을 신설하여 공업지방에는 공업계통의 기술 보습반을 농업지방에는 농업계통의 기술 보습반을 각기 창설하였으며 고등기술전문학교를 창설하여 준기사 자격제도를 신설하였다.

북한의 당중앙위원회 의결에 따라 4개의 고등기술 전문학교를 신설하고 일부 고급중학교를 기술전문학교로 개편하는 등 기술교육에 중점을 두게 된 정책[11]이 뚜렷이 드러나고 있다.

3) 제3단계 경제개혁 시기의 과학기술교육

이 시기는 1957년에서 1960년으로 북한의 교육계획이 정상적인 괘도에 진입하는 시기로 초반기에는 '일하면서 배우고 배우면서

---

9) 기술 기능공 양성사업 개선에 관한 결정. 1953. 8.
10) 과학기술간부 양성대책. 1955. 3.
11) 중앙위원회의 결의서. 1956. 2. 16.

일하자'라는 구호로 학생들의 노력동원에 이용하기 위하여 조직되었으나 후반기에는 안정적인 교육에 임하는 조직으로 변화를 가져오는 시기라고 할 수 있다.

학교에서의 정규 수업이 오전에 마치도록 하고 오후에는 건설의 현장에서 노동을 하도록 하였던 것이다. 학교에서의 교육도 전후 복구에 필요한 기능공과 기술자의 양성을 지속적으로 강화하고 기능공과 기술자의 대량 양성을 강조한 것이 이 시기의 특징이라고 할 수 있다.

이러한 기술교육은 기초학문이라기보다는 기능공을 양성하는 특수기술의 훈련에 불과한 것이다. 이러한 실례로 광산금속대학과 특수 직업대학의 신설을 들 수 있으며 기능공과 기술자의 양성체제를 내각의 결정[12]에 의하여 개편할 것을 요구하였으며 이에 따라 산업의 부분에 기술전문학교를 설치하여 종전의 직공학교와 노동자학교, 기술 보급반을 모두 흡수하고 1년제의 직장기능학교와 2년제의 야간기술전문학교를 설치[13]하여 농업기술 양성소의 설치 등 기술교육을 강화하였다.

이 시기의 북한 김일성은 기술교육의 강화를 위한 담화를 발표한 뒤 종전의 고급중학을 폐쇄하고 기술중학과 고등기술학교로 개편을 단행하였다. 50여 개의 고급중학이 중등기술학교로 개편되었고 1960년에는 기술학교의 수가 855개로 늘어나게 되었다.

종전의 일반교육체계에서 고급중학고를 폐쇄하고 대신 2년제의

---

12) 공화국 내각결정. 1957. 9. 17.
13) 종전의 직공학교, 노동자학교, 기술 보습반은 모두 이에 해당됨.

기술학교와 2년제의 고등기술학교를 신설하는 것을 골자로 하는 새로운 교육체계의 전환을 결정했다.

이에 따라 성인교육체계를 보강하여 기술교육을 중심으로 하는 교육을 제도화하였으며 정규특수교육의 체계를 보완하였던 것이다. 이 시기의 교육의 체계는 〈그림-4〉에 나타난 바와 같다.

이는 고등기술학교를 졸업한 후 곧바로 대학에 진학할 수 있는 기회를 부여하지 않고 공장과 광산 그리고 농어촌 등 노동의 현장에서 2년 이상의 근로생활을 한 후에 대학의 입시에 응시할 수 있는 자격을 부여하게 되었던 것이다.

일반교육체계에서 고급중학과정을 완전 제거했을 뿐만 아니라 기술학교 및 고등기술학교에서도 인문사회 교과목의 시간 수에 비하여 과학기술교과목의 시간수를 대폭 늘려 교육체계에서뿐만 아니라 교육의 내용에서도 기술교육을 강화하기 시작하였다.

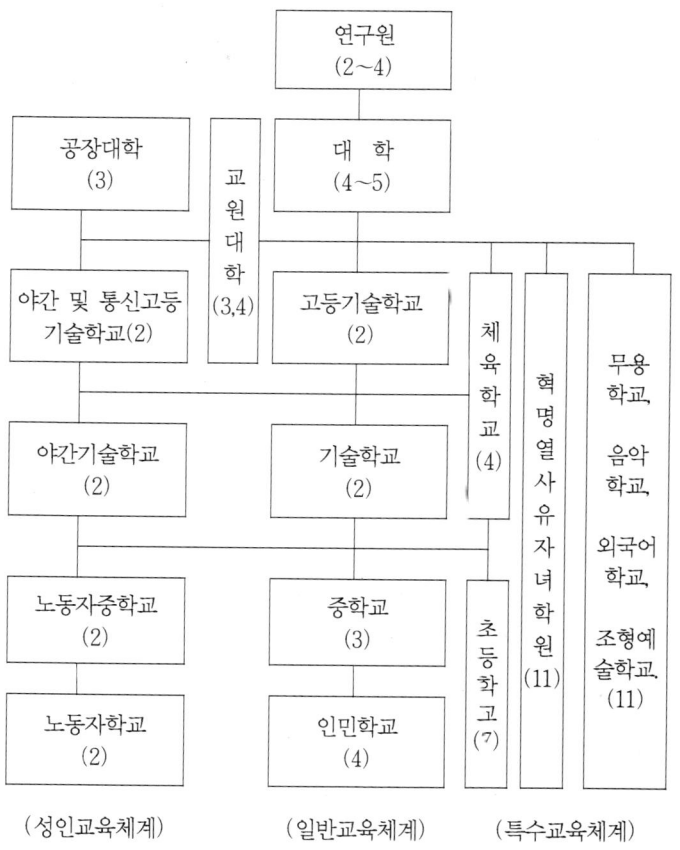

연구원
(2~4)

공장대학
(3)

교원대학
(3,4)

대 학
(4~5)

야간 및 통신고등
기술학교(2)

고등기술학교
(2)

체육학교
(4)

혁명열사유자녀학원
(11)

무용학교,
음악학교,
외국어학교,
조형예술학교.
(11)

야간기술학교
(2)

기술학교
(2)

노동자중학교
(2)

중학교
(3)

초등학교
(7)

노동자학교
(2)

인민학교
(4)

(성인교육체계)　　　(일반교육체계)　　　(특수교육체계)

〈그림-4〉 북한의 제3단계 경제개혁 시기의 교육체계

〈표-3〉 북한의 제3단계 교육개혁 시기의 주요 과학기술 교육정책[14]

년 도	정 책	내 용
1958	* 중등의무교육 실시 * 기술의무교육 준비 * 기술교원양성 강화	* 인민학교 4년을 마친 뒤 3년제 중학진학을 의무화함 * 평남기술교원대학 신설, 김일성종합대학과 기술계대학에 중등교원 양성반 설치, 성인학교 및 성인중학교 폐지, 2년제 노동자 중학교 신설
1958	* 학생사회의무노동제 * 기술교육강화	* 중학교 이상 전학생에게 노동봉사 결정 * 1인1기 교육을 목표로 기술의무교육체계와 예술의무교육체계 확립
1960	* 공장대학 창설 * 공산대학 창설	* 24개의 공장대학 설립 * 11개의 공산당 간부교육을 위한 공산 대학 신설

이 시기에 북한이 정책을 결정하고 실시했던 주요 정책의 일지를 정리하면 〈표-3〉과 같다.

이 시기에 공장대학, 공장기술학교, 공장고등기술학교 등을 설립하여 과학기술교육의 질을 높이고 고등기술자들을 양성하는 데 심혈을 기울인 것으로 보인다. 이러한 과학기술교육을 양적으로 혹은 질적으로 확충하고 강화하는 기초를 마련하였으나 과학기술교육에 주력하는 교육의 정책은 1960년도 초기부터 구체화된 것으로 사료된다. 이 시기의 과학기술 교육정책의 특징은 기능공의 수요에 맞게 공업화에 필요한 자원을 확보하고 기술자의 대량 양산과 일반 성인들의 기술교육 강화에 있었다고 할 수 있겠다.

---

14) 통일조선년감, 통일조선신문사, 1960. pp.286.

4) 제4단계 경제개혁 시기의 과학기술교육

이 시기는 1961년에서 1971년으로 북한은 기능공 수준의 기술자를 대량 양성할 계획을 세우고 계속 실천을 강화하면서 수준 높은 과학기술자의 양성을 시작한 것이 이 시기의 과학기술정책의 특징이라 할 수 있다.

이 시기에는 중등기술 전문가를 양성할 계획을 세웠다는 것과 기사 전문가를 양성할 계획을 세웠다는 점 그리고 대학수준의 과학기술교육을 준비하였다는 점이 이 시기의 특징을 잘 설명해주고 있다. 이 시기의 특기할만한 교육제도의 개편은 인민학교의 4년제와 중학교의 5년제를 통합하여 9년제의 기술의무교육을 실시하였다는 점이다.

기술의무교육을 9년제로 실시했던 시기는 1967년이었으나 제도를 개편할 필요성을 1961년 제4차 공산당대회에서 채택된 교육정책에서 뚜렷이 나타나고 있다. 이때 채택된 교육정책의 중요 과제 중에 기술의무 교육제도를 실시하기 위한 준비 작업의 실시를 분명히 하고 있다.

그 필요성은 여러 가지로 분석할 수 있겠으나 종전의 기술교육과 직업교육을 초급부터 지나치게 강조한 나머지 기초교과교육 및 사상교육을 위한 일반교육이 소홀히 학습되었기 때문에 이를 더욱 강화하기 위한 조치로 분석이 된다. 다시 말하여 자주노선의 확립을 위한 사상교육 강화의 필요성 등을 지적할 수 있다. 그 직접적인 이유는 1966년 노동신문의 기사로 잘 표현하고 있는데 그 내용은 '전반적 9년제 기술의무교육은 일반교육을 위주로 하면서 기초교육을 배합하여 교육과 생산 노동을 밀접히 결합시킴으로써 자라나는 세대들을 전면적으로 발전된 새 형의 사람으로 준비시킨다.' 라고 표현하고 있다.

북한은 이러한 9년제 기술의무교육을 실시함에 있어 종전의 교육제도를 개편하고 종전의 교육체제에서 기술학교를 대신하여 3년제 중학과 2년제 기술학교를 통합하여 제1단계 중등교육기관으로 5년제 중학교가 되고 제2단계 중등교육을 위한 2년제 고등학교를 신설하였다.

또한 고등기술학교를 3-4년으로 연장하여 중등실업교육을 보완했고 노동자들을 위한 공장고등기술학교 및 고등기술학교의 야간과 통신학교도 2년제에서 3-4년제로 연장하여 종전의 2년제 기술학교를 폐지함으로 공장, 광산, 탄광, 건설현장 등과 기업체의 현장에서 숙련공을 양성할 직업교육학교로써 기능공학교가 신설되었다.

이러한 초급교육의 수준에 사상교육과 기초적인 과학기술교육을 병행해서 강조하고 고급기술 전문가를 양성하기 위한 교육정책의 변경으로 전반적인 교육의 체제를 변경하지 않을 수 없었던 것이다. 1967년에 실시된 교육의 체계는 〈그림-5〉에서 보는 바와 같다.

북한은 교육의 체계를 개편함과 동시에 종전에는 고등기술학교를 졸업한 후 2년 이상의 노동생활을 경험하고 대학에 진학할 수 있었던 것을 시정하여 2년제 고등학교를 거쳐 특수층의 자녀와 우수 학생들이 곧바로 대학에 진학할 수 있는 기회를 종전보다 넓게

열어 놓았다는 점이 새 교육체계의 한 특징이다.

사상교육과 과학기술교육을 병행하는 정규교육 이외에 직장교육은 더욱 확장되었고 강화되었으며 이 시기의 기술학교수준의 학교의 총수는 1,218개교나 되며 고등기술학교도 466개교가 된다. 이미 산업부분에서의 기술교육은 시작되었으나 이를 더욱 강화하여 경공업, 수산, 농업, 전기, 기계, 화학, 보건 등의 부분에 관한 기술교육을 확장하였다. 공장대학의 수가 1964년에 64개로 늘어났고 고등기술학교 수준에서 산업부분에 관한 기슬을 대학의 수준까지 높여 과학기술교육을 강화하고 있음을 알 수 있다. 또한 이 시기에 과학연구사업을 강화하기 시작한 것도 이 시기의 중의 새로운 특징으로 파악할 수 있다.

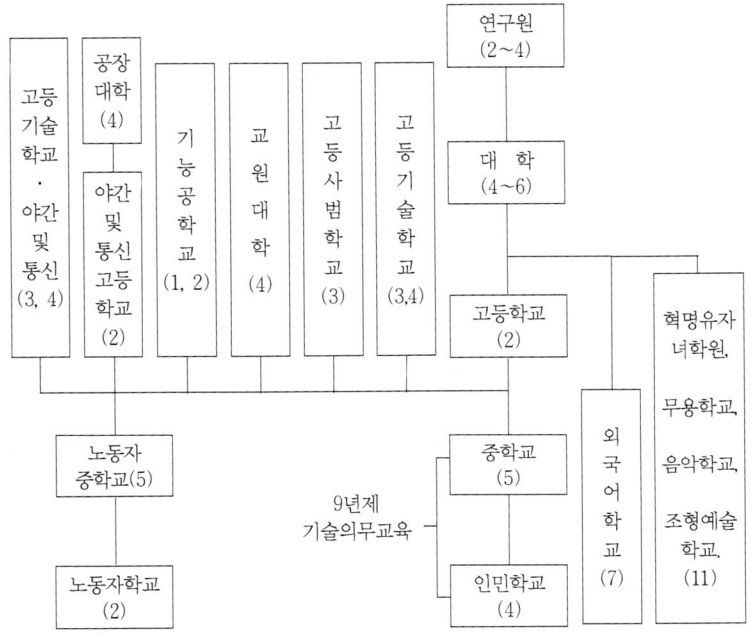

〈그림-5〉 북한의 제4단계 경제개혁 시기의 교육체계

이 시기의 고찰하고자 했던 또 하나의 부문은 과학기술계의 인력수급과 유학생의 실태 및 외국과의 과학기술교육의 교류에 관한 것이었으나 자료의 부족과 수집된 자료의 신뢰성의 문제 때문에 정확한 분석은 불가능하였다.

이들의 자료에 의하면 1946년에는 기사의 수가 964명에 불과했는데 1962년에는 160,000명, 1964년에는 293,506명, 1966년에는 367,000명으로 매년 대폭 증가되었다고 하나 이는 양적인 숫자에 불과하고 단순한 기능의 인력에 불과한 것으로 사료된다.[15] 각 급의 기술자와 기술 전문가의 총수는 연도별 통계에 의하면 〈표-4〉에 나타난 바와 같다.

이러한 양적 증가를 표시하는 자료가 다분히 가공적이라는 사실은 북한의 과학기술수준의 낙후성을 시인한 김일성의 연설문에서 입증되고 있다. 그는 1965년 노동당 전원회의에서 '우리들의 기술수준은 낮으며 제품은 좋지 못하고 원가가 너무 많이 든다.'고 지적하고 있다. 북한이 내세운 과학기술의 진흥책으로 처음 시도한 것은 기술자의 합리적 배치를 위한다는 목적으로 전 기술자를 등록시켜 강제 배치시켰으며 이미 지적한 바와 같이 과학기술계 인력을 대량 양성하기 위하여 기술계 교육기관을 증설하고 우선적으로 이들 기관의 시설을 보완하였으며 기술자를 우대하여 6·25전쟁 중에도 전선동원을 면제하였고 외국에 유학생을 선발하는 과정에서도 우선적으로 혜택을 받는 정책을 실시하였다. 이후에도 소련을 위시하여 동구에 유학생을 파견하여 1957년에는 유학생이 6,147명에 이르렀고 1960년 이후에는 유학생의 파견지역을 유럽과 아프리카와 쿠바 및 동남아 여러 나라에 이르기까지 유학생을 파견하였는데 이는 선진국의 과학기술을 배운다는 목적 외에 다분히 정치적인 성격이 들어 있다고 볼 수 있으며 1966년에는 외국에 파견한 유학생의 수가 7,200명에 달한 것으로 되어 있다. 1960년 이전에는 주로 상호 교류적인 입장에서 외국과의 과학기술교류가 이루어져 외국으로부터 많은 과학기술자들이 북한에 파견되기도 했다. 이때까지는 소련의 기술자들이 대부분을 차지하였는데 1961년경에는 중·소 정치분쟁에 가담한 까닭에 외교

---

15) 년도별 조선중앙년감. 조선중앙통신사. pp.242.

관계의 단절과 더불어 파견된 기술자들이 철수하는 사태까지 벌어져 북한의 일부 공장들이 마비되는 사태까지 발생하게 되었으며 과학기술의 교류는 거의 단절의 상태까지 이른 일도 있다.

〈표-4〉 북한의 제4단계 경제개혁 시기의 기술자 및
전문가수의 증가현황[16]

(단위: 명)

	총 수	기 사	기 수	전 문 가	중등전문가
1961	161,310	16,220	66,943	36,237	41,910
1962	183,117	21,446	76,662	44,011	40,998
1963	223,654	32,955	95,150	52,589	42,960
1964	293,506	43,544	136,250	66,347	47,365

〈표-5〉 북한의 제4단계 경제개혁 시기의 주요 과학기술 교육정책[17]

년 도	정 책	내 용
1961	* 공과대학의 신설	* 12개 공과대학과 1개의 기계대학을 설립함
1962	* 대학에서 과학기술의 강화	* 2년제 박사원 설립, 대학연구원에 1년제 특설반을 설치하고 26개 과학연구소 설치
1963	* 기술교육의 확대 * 고등교육의 수업연한 연장	* 3년제 기술학교와 2년제 고등전문학교를 설치함 * 공장대학과 일부대학의 수업연한을 1년 연장
1966	* 기술의무교육 실시	* 9년제 기술의무교육을 1967년 4월 1일부터 시행
1971	* 고중의무교육 준비	* 10년제 고중의무교육의 준비 ①학제: 인민학교4년＋고등중학교 6년 ②대상: 만 6세에서 16세까지 ③목적: 혁명적 세계관을 형성하고 현대과학과 기술의 기초지식습득, 한 가지 이상의 기술습득

---

16) 통일조선년감, 통일조선신문사, 1965-1966, pp.376.

그러나 1966년 이후에는 소련과의 정상적인 외교관계를 회복하고 동구 및 아프리카와 아시아의 여러 나라에까지 외교관계를 확대하여 이들의 국가들과 과학기술의 교류를 활발히 하였으며 대부분 동구 공산국가들로부터 기술협조를 받는 입장이었지만 당시의 월남과 일부의 아프리카의 후진국에 기슬의 원조를 제공하기도 하였다.

이 당시의 과학기술의 인력공급 계획어 의하면 46만의 전문가를 양성하고 18만의 기사전문가를 양성하기로 의결한 바 있다. 이 시기의 북한이 실시했던 과학기술에 관련된 주요 교육정책은 참고로 〈표-5〉와 같다.

5) 제5단계 경제개혁 시기의 과학기술교육

이 시기는 1972년부터 1976년까지로 북한은 제5차 당 대회를 통하여 경제계획을 수립하고 1972년부터 실행하였다. 그 기본 정책은 기술의 혁명을 새로운 높은 단계로 전진시켜 물질적 기술적 토대를 더욱 튼튼히 구축하는 것과 공업의 근대화를 위하여 본질 개선책을 내걸고 있다.

이러한 정책을 뒷받침하고 특히 과학기술교육의 질을 향상시키기 위하여 1972-1973학년도부터는 10년제 고중의무교육을 실시하였다. 고중의무교육의 목적은 그들의 말을 그대로 인용하면 '사회주의교육학의 원리를 구현하여 새 세대들이 혁명적 세계관의 골격

---

17) 통일조선년감, 통일조선신문사, 1961-1971, pp.528.

을 튼튼히 세우고 현대 과학과 기술의 기초지식을 폭넓고 깊이 있게 습득하여 한 가지 이상의 기술을 가지고 사회에 나갈 수 있도록 하는 데 있다.'18) 라고 말하고 있다.

고중의무교육의 학제는 인민학교 4년과 고등중학교 6년으로 10년의 의무교육을 실시하며 취학 연령은 만 7세에서 16세까지 고중의무교육을 실시하는 것으로 되어 있다.

북한은 학교 전 의무교육을 1년제로 실시하기로 1973년에 의결하고 1976년까지 북한의 전 지역에서 10년제 고중의무교육과 병행하여 이를 전면적으로 확대 실시하였다. 1년제 학교 전 의무교육의 목적은 그들의 표현에 의하면 '학령 전 어린이들에게 어려서부터 집단주의 정신을 키워주며 인민학교에 입학하기 위한 준비교육을 주어 전반적 10년 고중의무교육을 성과적으로 실시할 수 있도록 뒷받침하는 데 있다'고 표현하고 있다. 그리고 연령의 대상은 만 5세의 어린이로 규정하고 있다.

북한은 10년제 고중의무교육과 1년제 학령 전 의무교육을 실시하여 종전의 학제를 기술전문교육으로 강화하는 방안을 진행하였다. 학제의 개편내용은 다음과 같다.

- ㅡ. 지금까지 중등일반교육을 완성하는 사명을 지니고 있던 고등학교 학제를 1972-1973학년도부터 없앤다.
- ㅡ. 고등기술학교는 기술전문교육을 더욱 강화하는 방향에서 교

---

18) 사회주의교육학에 대하여. 평양: 조선노동당. 1973. pp.375-378.

육내용을 고치고 기수 중등전문가 양성의 질을 훨씬 높이며 앞으로 고등전문학교로 개편하여 운영한다.

-. 일부 교원 양성체계를 고쳐 인민학교 교원과 유치원의 교양원은 교원대학에서 양성하고 1972-1973학년도부터 교양원 대학을 교원대학으로 개편한다. 그리고 고등중학교 교원은 사범대학에서 양성하고 고등기술학교와 고등전문학교의 기술과목 교원은 기술계 사범대학과 기술계통 대학에서 양성한다.

이상은 북한의 과학기술의 발전을 위한 교육정책이다. 북한이 이 같은 교육정책을 실시하고 있는 목적은 김일성의 5차 당 대회 보고에 잘 표현되어 있다. 김일성은 '오늘 우리 앞에 나선 사회주의 건설의 방대한 과업 특히 새로운 기술혁명의 과업은 과학연구 사업을 결정적으로 강화할 것을 요구하그 있다'라고 말하고 '자연과학연구 부분의 과제를 이미 마련해 놓은 경제 토대를 보다 효율적으로 이용하고 우리 공업의 주체성을 강화하여 기술혁명을 높은 단계로 발전시키기 위하여 과학기술적 둔제들을 푸는 데 주된 힘을 넣으면서 새로운 과학기술 분야들도 적극 채택하여 나가도록 할 것'을 제시하였다.

6) 제6단계 경제개혁 시기의 과학기술교육

이 시기는 1977부터 1991년으로 북한은 1977년 9월 5일 이른바 '사회주의교육에 관한 테제'를 발표하여 하나의 교육강령으로 새로

이 주체사상을 확립하게 되었다.19)

이는 제1장 사회주의교육의 원리, 제2장 사회주의교육의 내용, 제3장 사회주의교육의 방법, 제4장 사회주의교육의 제도, 제5장 교육기관의 임무와 역할 및 교육사업에 대한 지도와 방조 등으로 모든 인민을 혁명화, 노동계급화, 공산주의화하여 공산주의적 새 인간을 만들기 위해서는 교육에서의 당성과 노동계급성을 구현하고 주체사상의 확립과 혁명의 실천 그리고 교육사업에 대한 조직진행의 책임을 강조하고 이를 혁명적인 인재를 양성하는 데 가장 바람직한 공산주의적 교육강령이라 하여 교육에 충실히 임해줄 것을 요구하고 있다.

이는 과학기술교육의 목적을 학생들로 하여금 창의적인 과학기술을 습득하고 문제의 해결능력을 배양하기보다는 그들을 혁명의 실천에 목적을 두고 있다.

이러한 내용은 '사회주의교육에 관한 테제'의 전문에서 '과학기술교육은 철저히 당 정책화해야 한다. 모든 과목의 교수내용을 당 정책으로 일관시키며 우리나라의 구체적인 현실과 결부시켜야 한다. 그리하여 학생들로 하여금 하나를 배워도 우리 혁명에 절실히 필요한 것을 배우며 배운 지식과 기술을 혁명실천에 능숙하게 써먹을 수 있도록 하여야 한다.'라고 기술하고 있다.

북한은 '사회주의교육에 관한 테제'를 발표하면서 과학기술교육 정책을 언급하고 있는데 이는 북한의 과학기술정책이 생산과 기술

---

19) 북한개요. 국토통일원. 1983. pp.398-425.

그리고 기술과 기술습득의 기본이 되는 정책을 함께 강조하기 위한 정책이라 할 수 있다. 이는 학생들로 하여금 기술의 습득을 통하여 선진과학기술을 체득하고 그 활용능력을 키워주기 위한 기술로 과학기술의 내용을 일반지식과 전문지식으로 구분하는데 일반지식은 사회주의국가의 구성원들 모두가 기본적으로 알아야 할 기본 지식으로 학생들에게 사물의 현상이나 일반적인 개념과 기초과학 분야의 일반지식을 가르치는 데 기본을 두고 있다. 특히 학생들은 생산과 기술의 기초원리 및 기술지식을 균형 있게 학습하도록 강조하고 있다.

전문지식교육은 일반 지식을 습득한 후에 한 단계 위에서 고등교육을 제공하도록 되어 있으며 과학기술의 발전을 현실 발전의 요구와 창의적인 과학기술의 성과에 기초하여 반복하여 보충하고 지식을 풍부하게 넓혀 나가야 한다고 강조하고 있다.

7) 제7단계 경제개혁 시기의 과학기술교육

이 시기는 1992년 이후 김정일이 교육정책에 직접 관여하는 시기로 최근 북한의 주요 교육정책은 정치사상교육과 과학기술교육에 치중하고 있다. 북한은 전국의 학교에 컴퓨터 교육사업을 지도하고 대학을 중심으로 한 컴퓨터 전문가를 양성하는 지도체제를 갖추고 있다. 이는 교육성 산하에 프로그램 지도국과 컴퓨터 교육센터를 신설해 정보화 시대에 맞게 인재를 양성하는 데 주력하고 있는 것이다. 북한은 1985년 최초로 평양과 함흥에 컴퓨터 기술대학이라는 전문대학을 설립했고 컴퓨터 기술대학을 졸업한 졸업생들은 조선 컴퓨터센터와 평양 프로그램센터, 과학기술센터 및 주요기관에서 산업부문의 전산화와 현대화에 큰 기여를 하였다.

북한이 정책적인 지원 아래 본격적인 컴퓨터 교육사업에 돌입한 것은 1989년 북한이 정권수립 이후 처음으로 김일성 종합대학에 컴퓨터 과학대학이라는 단과대학을 설립하여 정보공학과와 컴퓨터 공학과 등을 개설하여 대학에서의 컴퓨터 강좌를 시작하고부터 이다. 일반 고등중학교의 컴퓨터 교육은 1998년 김정일의 지시에 의하여 고등중학교에서 계산기공학 교과목을 신설하고 컴퓨터 교육을 실시할 수 있도록 교육강령을 개편하였으며 교육의 내용을 새롭게 개편하여 교육을 실시하고 평양과 함흥의 전자계산기 학과에 부속학원과 9개의 제1고등중학교에 프로그램 반을 신설하여 컴퓨터 교육을 실시하고 있다.[20]

또한 북한은 전국 프로그램 대회 및 전시회와 전국 대학생 프로그램 경연과 교사, 학생을 대상으로 하는 지역별 프로그램 경연대회를 개최함으로써 컴퓨터 교육의 확대 및 컴퓨터의 인력 양성에 주력하고 있다.

북한은 최근 '컴퓨터 교육을 강화하자'라는 사설을 통해 컴퓨터 부문의 인재들을 많이 양성하는 것이 21세기의 국가경쟁력을 다져 가는 데 중요한 과업이라고 언급하면서 고등중학교의 저학년에서는 컴퓨터의 작동원리와 이진법의 체계, 논리연산기초와 컴퓨터 기호 표

---

20) 조선중앙연감. 평양: 조선중앙통신사. 1998. pp.191.

기, 키보드와 마우스의 활용방법, 우리말과 영문타자의 숙달 등 컴퓨터의 일반과 프로그램 기초를 중점적으로 가르쳐야 할 것이라고 강조하고 있다. 고등중학교의 고학년인 4~6학년은 저학년의 컴퓨터 교육을 기초하여 컴퓨터의 기본 프로그램인 window95와 window98의 일반지식과 원리를 기능별로 체계화하고 프로그램의 언어를 가르치고 있다.[21]

북한의 이러한 학교교육에서 컴퓨터 교육의 중요성을 강조하고 컴퓨터 학습을 철저히 할 것을 요구함에도 불구하고 그들의 성과는 미흡한 상태이다.

일반 고등중학교에서의 컴퓨터 교육은 컴퓨터를 마련하기가 쉽지 않아 대부분 프로그램 작성법과 활용법을 중심으로 이론교육에 치중하고 있으며 컴퓨터의 실습부문에 대하여는 거의 이루어지지 않고 있다.[22] 이들의 실습은 컴퓨터의 자판을 그려놓은 '컴퓨터 건반 안내표'라는 것을 이용하여 눈으로 한글자판과 영어자판을 암기하고 있으며 실제의 컴퓨터 교육은 정규의 수업보다는 공부를 잘하는 아이들로 구성된 컴퓨터 소조를 통하여 할 수 사회적으로

---

21) 교원신문. 2001년 2월 1일자. "컴퓨터 기술교육을 더욱 강화하자."
22) 연합신문. 2000년 2월 17일자에서 컴퓨터 의무교육이 실시된 후 1년 간 교육의 상황을 평양시 중구역내 학교를 사례로 소개하고 있다. 여기에서 '모든 것이 긴장하고 어려운 시기이므로 학교 자체의 힘으로 컴퓨터 대수를 늘리는 것이 른 난 문제였고 중구역내 학교들은 중구역 당위원회의 예산으로 어렵게 컴퓨터를 구입했다'고 적고 있다. 북한의 본보기 학교가 모여 있는 평양시내의 학교가 이런 상황에서 다른 지역의 컴퓨터 현황은 말할 필요도 없다.

내세워 주어야 한다.'고 밝힘으로써 과학기술교육의 발전에 총력을
다하고 있다.

〈표-6〉 북한의 고등중학교 주간 교육과정편제(1996년 개정)

번호	교 과 명	학 년					
		1	2	3	4	5	6
1	경애하는 수령 김일성 대원수님 혁명역사	2	1	1	2	2	3
2	위대한 영도자 김정일 원수님 어린시절	1	1	1	1	1	2
3	공산주의 도덕	1	1	1	1	1	1
4	국어문학	5	5	4	4	3	2
5	한 문	2	2	1	1	1	1
6	외국어	4	3	3	3	3	3
7	력 사	1	1	2	2	2	2
8	지 리	2	2	2	2	2	
9	수 학	7	7	6	6	6	6
10	물 리		2	3	4	4	4
11	화 학			2	3	3	4
12	생 물		2	2	2	3	3
13	천문학						2
14	체 육	2	2	2	1	1	1
15	음 악	1	1	1	1		
16	미 술	1	1				
17	제 도					1	1
18	전자공학기초					1	2
	계	29	31	31	35	35	34

　　북한이 과학기술 중시노선을 계속 강조하고 이를 강화하는 것은
북한교육의 질적 전환을 가져오는 과제로 인식하고 있다.[23] 이러

23) 2000년 7월 4일 노동신문사설, 2001년 신년사.

한 과학기술교육에서의 질적 수준을 높여줌으로써 국가경제를 지원하고 특히 정보통신, 컴퓨터 교육을 강조함으로써 현대적 지식과 기술을 겸비한 과학기술인력을 양성하고 있다.

(3) 과학기술교육 진흥정책

북한은 과학기술교육에 있어서 정책의 기조를 「자력갱생의 원칙」에 입각하여 자체의 부존자원 및 기술인력을 주체과학의 정책으로 고수하면서 전 인민의 기술혁신운동을 통해 생산기술에 대한 현대화, 과학화, 주체화를 이룩하자는 것이다.

북한은 1952년 12월 과학원을 창립하고 1962년 국가과학기술위원회를 설립하여 중공업 중심의 기술개발을 정부주도하에 추구하였고 80년대 말 과학기술법을 제정하면서 88년에서 90년까지 과학기술발전 3개년을 수립하여 전자공학, 생물학, 열공학 등을 선진국 수준으로 끌어올리기 위하여 선진 외국으로부터 과학기술 도입을 적극 추진하였다.[24]

북한은 과학기술발전을 경제성장의 전략사업으로 규정하고 경제발전을 위한 과학기술 분야의 지원을 대폭 증가하였는데 1993년까지 GNP 3-4%를 과학기술 분야에 투자하여 단기간에 세계적인 수준으로 끌어올린다는 계획 아래 과학기술발전 3개년 계획을 1991년부터 1994년까지 추진하고 기계공학, 열공학, 생물공학, 화학공학, 전자자

---

24) 국가정보원, 북한정보, 과학기술, 2001. 5. 9.

동화, 신소재 분야 등의 기술개발에 주력하였다. 1995년부터 2000년 까지는 과학기술발전목표를 수립하고 전자, 생명, 신소재 등 첨단기술에 역점을 두고 연구기관 및 대학에서 과학영재교육을 강화하여 젊은층의 준박사 및 박사들의 인재 양성에 주력하였다.

한편 북한은 1950년대 중반까지 구소련의 영향을 받아 김일성 종합대학을 설립하는 등 학문연구 중심의 체제를 유지하였고 1950 년대 중반부터는 중국의 엄여교육 영향으로 전반적 9년제 기술의 무교육을 실시하는 등 기술교육중심의 체제를 유지하여 왔으나 1990년대 이후 북한은 러시아의 선진과학기술을 도입하기 위한 노력을 기울이고 있다.

최근 북한은 과학기술을 「강성대국 건설의 3대 기둥의 하나」로 제시하면서 과학중시기풍의 확립, 과학기술자 우대, 과학인재의 체계적 양성 등을 강조하여 전 인민의 과학기술 중시 풍조를 확산시켜 나가고 있으며 각 국의 첨단과학기술을 도입하기 위한 다방면의 노력을 기울이고 있다.

(4) 주변국의 과학기술 교육정책

1) 구소련의 과학기술 교육정책

구소련의 과학기술교육은 보통교육을 실시하는 학교와 직업교육을 실시하는 직업학교가 있었다. 직업학교는 사실상 보충, 보완의 역할을 하고 있을 뿐 과학기술교육을 포함한 일반교육은 기본 학제라고 할 수 있는 보통교육에서 실시하고 있다.

보통교육학교는 1958년까지 4년제의 소학교와 7년제의 준중학교, 10년제의 중학교로 분류되어 대도시와 공업 중심지역에서는 중학교까지의 의무교육을 실시하였고 농어촌 및 기타의 지역에서는 준중학교까지 의무교육을 실시하였다. 따라서 소학교를 졸업한 자들은 나머지의 연한을 준중학교와 중학교에서 이수하도록 하였다.

구소련은 1956년 2월 공산당 제20회 대회에서 10년제 의무교육을 전국적으로 실시하고 종합기술교육을 실시한다고 결정하였으나 1958년 신교육제도가 실시되면서 준중학교와 중학교의 연한을 1년씩 연장하는 것으로 큰 변화는 없었다.

구소련의 고등교육에는 종합대학과 각종의 고등전문교육이 있었다. 종합대학에는 기술계통의 학과가 없고 수학, 물리학, 화학, 생물학, 지질학 등 순수과학계통의 학과만 있어 서구의 제도와 비슷하며 기술계통의 대학교육은 각 기술계의 단과대학에서 실시하여 미국이나 일본의 제도와는 차이점을 나타내고 있다. 고등교육기관은 이들 외에 고등전문학교, 고등음악학교, 아카데미야가 있었다.

구소련은 전문 분야가 업무 위주로 구분되어 서구의 전통적인 학과분류하고는 차이가 있으며 공업기술 면에서는 기계공구제작과 건축학에 인재가 많았던 것으로 사료된다. 고등교육에서도 기술교육이 실무 위주로 교육하는 경향이 강하지만 고급의 과학기술과 연구를 담당하는 인재는 종합대학의 순수과학학과에서 양성되었다. 이들 학과는 최근의 과학이론을 포함한 고도의 이론적 교육을 강조하면서 공업과 농업, 그리고 의학계열에 상당한 비중을 두도록 하였다.

구소련의 초창기 고등교육의 목적은 마르크스, 레닌, 엥겔스, 스탈린의 학설에 의거하여 학생과 교사의 사상적, 정치적 교육을 실시하였으며 국민의 경제와 문화부문에 걸쳐서 최고의 자격을 갖는 문화전문가를 양성하고 사회주의 건설에 가장 중요한 주어진 임무를 해결하기 위하여 과학 연구 활동을 수행하고 과학적, 기술적 지식과 과학기술의 최신정보를 보급하는 것으로 되어있었다. 이와 같이 러시아는 과학기술을 과학기술교육에서 기대한 바가 크다. 고등교육으로의 진학할 자격은 중학교 졸업자와 기술학교, 교육학교, 의술학교 등 중등직업학교를 졸업하고 3년의 실습을 마친 35세 미만인자로 규정하고 있다.

구소련의 과학기술교육은 종합기술교육을 받은 중학교 졸업생을 고등교육시설에서 고도의 실무기술만을 교육하였다. 이것을 보완하기 위하여 직업교육의 체계를 병행하였으며 2년제 하급직업교육과 중급직업교육으로 분류하여 실시하였다. 하급직업교육의 학교는 일반직업학교와 철도학교, 공장학교 등이 있으며 일반직업학교는 금속, 야금, 화학, 광산, 석유등 기타의 직업에 대하여 숙련 노동자를 양성하는 2년제 학교이고 철도학교는 철도의 하급요원양성의 2년제 학교이다. 이곳에 입학할 수 있는 자는 8년제의 중학교를 수료한자로 14~15세의 소년이며 공장학교는 직업적인 노동자를 훈련하는 곳으로 6개월에서 1년간의 훈련소에 입소하여 훈련하며 연령대는

16~17세로 보통 직업을 갖기 위하여 훈련하는 필수의 과정이다.

중급직업교육에 대한 학교로는 8년제의 준중학교를 졸업한 14~30세의 남녀 청소년을 대상으로 하는 4년제의 기술학교, 교육학교, 의술학교 등이 있고 12년제의 중학교를 졸업한 자들을 위하여 2년제의 교육대학과 1~2년제의 공업학교, 2~2.5 년제의 중등직업학교가 있었다. 러시아의 국력이 강화되는 시기에는 노동자의 문화수준을 기술사의 수준까지 높이자는 새로운 방침이 나오기도 했다.

러시아가 자랑하는 중등직업학교인 테크니쿰은 전문적으로 세분하여 교육을 시키고 있다. 이 중의 광산공업 테크니쿰의 교과목 편성을 보면 총 6, 122시간의 수업 중 일반과정 24%, 일반기술과정 12%, 전문과정 28%, 생산실습 33%, 교련체육 3%로 되어 있다. 일반과정 24% 중 교양과목인 인문과목은 소련사, 러시아어문학, 외국어뿐이고 나머지는 수학, 물리, 화학인 기초과학과목이다. 일반기술과정은 제도, 공업역학, 전기공학, 기계공학, 금속공학으로 공학의 기본 과목이며 전문과정은 광산공업에 필요한 기술과목들이 포함되었다. 생산실습은 공장실습, 생산견학과 광산공업실습으로 분류되고 있으나 70%가 광산실습이며 교육의 특징적인 것은 모든 과정이 강의와 실기로 나누어지고 실기에 치중하고 있다는 것이다. 일반과정 1,493시간 중 강의 551시간 실기 942시간이며 일반기술과정의 총 시수 704시간 중 강의 268시간 실기 436시간, 전문과정 총 시수 1,717시간 중 강의 86시간 실기 851시간, 생산실습은 실기만 2,022시간으로써 전체적으로 강의 27% 실기 73%로 두

뇌교육보다는 신체적인 교육을 통한 사실상의 노동자교육을 실시하였다고 할 수 있다.[25]

구소련의 직업교육을 통한 기술교육은 구소련이 자랑하는 제도이기는 하지만 배출되는 수와 질로 보아 사실상의 러시아 과학기술의 주류라고는 할 수 없다. 국가적인 과학기술의 중점은 보통교육 내에 포함된 과학기술교육에 있다. 이것을 종합과학기술주의라며 추진하고 있다. 이는 러시아 교육의 기본적인 목적이 모든 국민들을 발달한 인간으로 만들어 공산주의사회의 미래 건설자를 육성하는 데 있다. 그러기 위해서는 지육, 덕육, 체육, 정조교육과 종합기술교육주의에 입각한 교육이 큰 의의가 있다고 본 것이다.

공산주의사회에서는 부분적인 지식을 습득하는 것이 아니고 건강한 발달한 인간을 육성하여 기술적 기초를 튼튼히 하고 종합적인 기술교육을 하여 항상 새로운 기계의 도입과 기술의 혁신 등이 생산의 기술적 기초로 작용하여 노동의 성격과 노동자의 직능에 변화를 가져올 수 있다는 것이다.

따라서 광범위한 기술적, 문화적 수준이 변화되어 가는 생산에 적응하는 능력이 필요하며 전반적으로 발달한 인간인 숙련 노동자들이 필요하다는 것이다. 자본주의사회에서는 노동자가 생산의 일부분을 담당하고 있는 데 반하여 공산주의사회에서는 노동자가 생산의 전반적인 부분을 모두 알고 있어야 한다는 것이다. 이는 자본주의사회에서의 분업보다는 전반적으로 발달된 인간이 공산주

---

25) 조순탁. 북괴의 과학기술교육에 관한 고찰. 1982. pp.4-9.

사회에서는 바람직하다는 것이 종합기술교육주의의 기본이다. 구소련의 공산혁명 당시에는 종합기술교육주의가 혼란을 가져오기도 했다. 공장이나 집단농장과 학교와의 결합이 강조된 나머지 노동과 학교의 교육목적이 혼동되었던 것이다. 학교의 작업장을 기업의 생산과정에 포함시켜 일반교육과 학교의 교육을 망각하였던 것이다. 종합기술교육이 러시아에 정착한 시기는 제2차대전 이후의 스탈린이 그의 논문 '소동맹에 사회주의의 경제적 논제'에서 종합기술교육을 강조한 이후이다. 막대한 전쟁의 피해를 입은 구소련의 경제가 복구에 필요한 기계와 기술이 도입되었고 이에 따른 노동과 기술의 고도화에 의하여 과학의 원리를 체득하고 창의와 재능을 갖춘 노동자와 기술자가 요구되었으며 중학과정의 교육을 마친 자들은 집단 농장장의 위치에서 업무를 담당할 수가 없어 전문학교나 대학출신자들이 요구되었던 것이다.

종합기술교육이 교육생들에게 주는 가장 기초적인 것은 과학적 원리와 원칙이다. 이는 생산에 기초가 된 것으로 일반적인 자연과학의 넓은 지식의 습득이 요구된다. 어떠한 직업을 선택한다 할지라도 기본적인 기능이 필요한 것이다. 이러한 종합기술교육의 교과내용은 사회주의 건설의 경험에서 주요한 생산의 부문에 이론적인 학습의 가치가 있는 것을 선택하여 구성하고 있다. 각 부문별로 산업의 과학적 기초인 에너지 이론과 생산조직의 지식을 교육한다. 주요 생산부문에 관한 기술적 원리와 실제적인 기능의 습득에는 기초과학과목인 수학, 물리, 화학과 생물의 교과 내용을 재편성하여 교육의 목적을 달성하도록 하였다.

이들이 특히 강조한 교과의 내용은 다음과 같다.

◎ 에너지 생산

① 에너지 보존의 법칙과 변화의 법칙, 에너지의 종류, 에너지 원으로써의 물과 공기의 운동

② 천연자원의 조성과 특성, 인조연료의 제조방법, 연료의 생성과 그 조건, 에너지의 지리적 분포, 원자에너지로써의 핵반응

③ 열역학, 공기역학, 수력학, 전기학, 에너지 생산의 과학적 기초로써의 화학원칙

④ 열기관, 수력기계, 전기기계의 구성원리

⑤ 전기에너지 전압의 변압, 송전, 발전기, 축전기, 전동기, 운동의 전달장치, 전기에너지의 기술적 이용, 전신, 전화, 라디오의 과학적 기초, 전기에너지의 특질

◎ 기계생산

① 기계생산의 특수성

② 기계생산의 기초적 재료, 이들의 종류와 특성

③ 기계생산의 종류, 기술적 장비, 기계공작, 금속제련

④ 기계공작의 부품조작 및 조립

⑤ 금속의 부식

⑥ 수학, 물리, 화학, 기계학, 제도의 기초원리

⑦ 기계 제작공업의 조직

⑧ 공장견학

◎ 화학생산

① 화학생산의 특수성

② 화학, 화학응용, 물리학, 수학의 기초원칙

③ 유기와 유기화학공업

④ 연료의 화학적 가공, 건설재료의 생산

⑤ 야금학, 고무, 플라스틱, 인조섬유

⑥ 화학공업의 현황

◎ 농업생산

① 농업의 특수성

② 농업기술의 일반적 원리

③ 축산기술의 일반적 원리

④ 농업기계, 농업생산의 향상

⑤ 농업식물, 동물의 형태학, 해부학, 생리학의 기초

2) 중국의 과학기술 교육정책

북한의 주변 국가이면서 정치적으로 영향력을 행사하고 비교적 북한과의 유사한 정책을 수립하는 국가는 중국이라고 할 수 있다. 중국은 공산정권을 수립하는 초창기에 소련의 원조를 입은 바 있고 중소 대립이 표면화되는 1962년까지는 북한과 마찬가지로 모든 사회제도를 러시아와 모방하여 개편하였다.[26] 중국은 한국전쟁 시

---

26) 북한의 지역별 대외활동 특성연구. 국토통일원. 1983. pp.34-46.

에는 북한에 의용군을 보내어 북한의 정권을 멸망에서 구해주고 그 이후 10여 년간 북한에 큰 정치적 영향력을 행사하기도 하였다.

중국이 그들의 전통을 이어가면서 러시아 방식으로 변화시켜 간 과정을 과학기술교육 면에서 고찰하는 것은 북한의 과학기술교육을 이해하는 데 큰 도움이 될 것이다. 중국의 공산정권이 이전에 중국대륙에 현대식 교육제도가 확립된 것은 1923년 중화민국 11년에 학제를 개정하면서부터 이다. 이는 기본 학제로써 6년제의 소학교와 6년제의 중학교가 있고 그 위에 6년제 또는 7년제의 대학이 있었다.

소학교와 중학교의 6년제는 각기 초급 4년과 고급 2년으로 나눠지며 중학교에서의 교육과정에는 사범학교와 각종의 직업학교가 있었다. 또 중학교 졸업자가 진학할 학교에는 대학 이외에 4년제와 5년제의 고등전문학교가 있었다. 이 당시의 대학이란 종합대학을 의미하며 인문사회계와 자연과학계의 학부를 갖추었고 단과대학에 해당되는 시설은 모두 고등전문학교로 칭하고 있었다.

이러한 구 학제를 이어 받아 중국이 채택한 학제는 초급소학 4년, 고급소학 2년, 초급중학 3년, 고급중학 3년으로 하고 그 위에 4년과 5년의 종합대학인 학원과 단과학교가 있었다. 고급중학교와 병행으로 3~4년인 고등전업 학교가 있어 노동을 하면서 학업을 계속하는 업여(업무여가)학교가 있었다.

이들 업여학교에도 소학교와 초급중학, 고급중학, 전업학교, 대학이 모두 있었다. 이 학제는 구소련의 학제와 비슷하며 종합대학과 단과대학에서 수업연한이 비슷하고 고급중학 이하의 과정은 구학제의 약간만 수정하고 그대로 존속하였으며 업여학교제를 강력하게 추진하고 있었던 점은 중국학제의 특징이라고 할 수 있다.

중국이 강력하게 과학기술교육을 시작한 것은 제1차 5개년 계획중인 1955년 7월의 제1회 인민대표대회 제2차 회의 때부터이다. 이때 고등교육의 중점을 고등공업학교와 종합대학의 자연과학부에두고 점차로 농림·사범·위생 등의 학교를 발전하도록 지시하였다. 중국의 대학은 학과가 세분되어있는 것이 특징이다. 학과의 종류가 300여 개가 넘으며 그중에서 공과계통이 180여 개이다. 이는 공과계열을 180여 개로 분류한 것은 세계에서 찾아 볼 수 없는 일이다. 중국은 구소련의 대학제도를 모방한 형태의 수업을 하였지만 수업의 연한은 구소련이 5~6년인 데 비하여 중국은 4~5년으로 1년을 단축하였다. 따라서 학생에 대한 부담이 과중하여 학습의 효과를 기대할 수 없어 학과의 세분으로 문제를 해결하고자 하였던 것이다. 이 당시 중국은 공산국가 건설에 따라서 방대한 건설요원이 필요하였기 때문에 대학생의 수를 극격히 증가시켰지만 거기에 따른 학생들의 질적 저하는 면하기 어려웠다. 따라서 중국의 외부에서 중학생들의 학력을 질적으로 낮게 평가하는 경향이 있었다.

중국은 그들의 과학기술 발전을 주로 고등교육기관에 의존하지만 일반적인 공업의 수준이 낮기 때문에 고등고육기관 못지않게 중급 기술자 양성에 주력하였다. 그리하여 중등교육의 중점이 공업의 기술간부와 관리간부의 양성에 초점을 맞추고 동시에 농업 합작화의 발전에 따라서 농업의 기술간부와 관리간부 양성에도 치중하였다. 이 당시의 교육정책으로 중등전업학교의 임무는 마르크스·레닌주의의 기초지식과 보통교육의 문화 수준급 기초기술의 지식을 갖추고 또 일정한 전문을 장악하여 신체 강건하고 사회주의 건설을 위하여 봉사할 중등전문요원을 양성하도록 설치하였다. 이 규약은 졸업생에게 국가가 직장을 분배하며 졸업생은 3년의 의무연한을 마친 후에야 고등교육기관에 진학하는 자격을 주었다.

중국의 과학기술교육에서 무시할 수 없는 제도로써 업여교육을 들 수 있는데 이는 노동에 종사하면서 학습하는 교육기관으로 각 분야에 야간학교와 통신교육 과정이 대학단계에까지 있었다. 기술교육으로써 업여교육이 갖는 이점으로는 우수한 기술원에게 노동을 시키면서 양성할 수 있다는 것과 대학과 중등전업학교의 교원, 공장, 광산의 기사에 교육을 겸임시킬 수 있고 교사와 설비가 별도로 필요하지 않다는 점들이 있다.[27] 그러나 이들은 자연과학을 배우는 데 있어서 노동자들의 감성적 지식과는 거리가 먼 수학, 물리, 화학 등 이성적이고 추상적인 이론으로 인하여 학업에 대한 열의를 느낄 수 없었으며 노동자의 기술경험과 문화수준에 기초하여 학습하였다. 이로 인하여 연령이 많은 노동자들에게는 자연과학 학습에 대한 막대한 장애를 초래하였다. 따라서 업여학교에서 수학한 자들에게는 학습의 시간적 여유가 없었으며 과학이론과 수

---

27) 내외통신. 내외통신사. 562호, 568호, 635호.

학자의 기술경험을 체계적으로 연결시키기가 대단히 어려운 문제였다. 이러한 교육의 과정은 문화혁명 이전에 중국의 과학기술교육이 북한의 과학기술교육에 상당한 영향을 미쳤으리라 판단된다.

(5) 대외 과학기술 교육정책

북한은 1950년대부터 대외 과학기술교류를 표명하였으나 실제로는 중국과 구소련 및 동구권국가 등 사회주의국가와의 협력 관계만을 지속시켜 왔다. 서방과의 기술협력을 위한 실질적인 가치로써는 1984년 9월 8일 외국과의 경제 기술교류 및 합작투자를 목적으로 합영법을 채택하고 시행을 발표하였으나 유엔개발계획과 공동투자로 추진해온 IC시험공장을 완공하는 발표 이외에는 뚜렷한 대 서방 과학기술교류는 알 수가 없다.

구소련과의 과학기술협력은 1955년 2월 최초로 '과학기술협조협정'을 조인하여 과학연구사업협력 및 산업시설건설 생산기술 향상을 위한 기술협력활동을 추진해오다 1967년부터는 경제 및 과학기술협력위원회, 과학기술협조 상설분과위원회를 설치하여 매년 정기회의를 평양과 모스크바를 번갈아 개최하고 있다. 이 상설기구를 통하여 산업기술협력 등 현안문제들을 협의해오고 있으며 과학기술자원의 상호 교환, 공동연구사업추진 등 기초과학 및 응용과학 분야에서 연구 활동 협력뿐만 아니라 금속, 화학, 건설, 경공업, 농업 분야에서 기술협력을 강화해 오고 있다.

북한은 구소련과의 '상호 경제 및 과학기술위원회 21차 회의'를 1987년 5월 모스크바에서 개최하고 과학기술의 협력방안을 발표하였다. 이는 첫째, 경제 및 과학기술협조 부문에서 쌍방간공약이행, 둘째, 소련이 지원하는 경제건설 대상, 셋째, 통상문제 논의, 넷째, 공동기업소 연합 단체들의 설립, 다섯째, 직접적 생산 공업, 과학기술연결설정, 기계제작종합체, 경공업 및 기타 협조부문들에서의 생산협동화 조직과 새로운 협력형태의 적극적 발전 등을 위한 협정에 상호 조인했음을 밝혔다.[28] 또한 새로운 협력형태인 합작생산을 토대로 구소련의 대 북한 경제 과학기술협력대상인 동평양화력발전소, 인화물 공장건설, 북창화력발전소, 평양에나멜선공장, 김책제철소 확장, 지질 및 해양 탐사 등 북한의 산업시설 및 자원개발에 대한 기술설비의 계속적 지원방안을 결의하였다. 여기에서 주목되는 사항은 경제과학기술협력을 실질적으로 운영하기 위한 합영회사, 국제회사 및 합작기관 설립에 관한 협정 및 쌍방 관련 기업소 사이의 생산적 과학기술적 연계를 직접 맺는 절차에 합의함으로써 쌍방의 과학기술협력이 보다 강화되고 긴밀화된 협력체제를 구축했다는 것이다.

중국과의 과학기술협력에 대하여는 1957년 '과학기술협조협정'을 체결한 이후 매년 상호 교환개최를 통하여 산업기술협력문제를 중심으로 공장건설지원 등 협력사업 추진과 생산기술현대화 지원 등 경제협력 확대를 추진해 오고 있다.

---

28) 박동철, 공산권 주요 국가의 과학기술 실태, 1990, p.29

북한은 1987년 6월 2일 북경에서 개최된 북한-중국 간 과학기술협조회의에서 자원탐사 및 발전을 위한 기술협력 외에 산업, 임업, 경공업, 전력, 금속, 기계, 의학 분야 등 60여 분야를 대상으로 계속적인 협력을 합의한 것으로 밝혀졌다.[29] 또한 북한은 1987년 12월 1일 평양에서 중국과 10년간의 장기과학기술협조에 관한 합의서에 조인했으며 이는 북한이 중국의 대외개방정책에 부응하여 양국 간의 과학기술 협력수준을 새로운 관계로 증대시킬 것이라고 하였다.

2. 북한의 과학기술 교육체제에 대한 고찰

북한의 교육체제 속에서 과학기술교육의 과정과 제도에 대하여 알아보고 과학기술 교육기관과 연구기관의 현황 및 연구기관들이 수행하고 있는 연구의 방향과 내용을 분석하여 과학기술의 발전을 위하여 과학기술 교육기관과 연구기관 및 산업에서의 기능적인 협조를 어떻게 수행하고 있는지를 분석하였다. 또한 북한의 고등교육은 노동현장과 긴밀하게 연계되어 있기 때문에 학술적인 측면보다는 실무적인 기술을 강조하는 것이 특징이다. 이러한 특징으로 고등교육에서 실제기술과 기능을 강조하는 반면에 이론적이고 학문적인 측면에서는 낙후되는 문제를 안고 있다. 북한의 고등교육

---

29) 박동철. 공산권 주요 국가의 과학기술 실태. 1990. pp.33

이 양적으로는 성장하였다고 할 수 있으나 질적인 면에서는 실제적인 기술과 기능을 강조하고 있기 때문에 첨단과학과 정보화시대에 합당한 교육을 실시하고 있는지를 분석하였다.

(1) 과학기술 교육체제의 기본 방향

북한은 과학기술교육의 기본 체제를 과학기술 발전에 최대한 역점을 두고 있으며 전체의 교육체제를 발전시켜 왔다. 북한은 사상교육의 강화와 기술교육의 강화를 위하여 여러 차례 교육체제를 개편하였다.

북한은 일부의 제도를 고치기는 하였지만 1966년 최고인민회의 제3기 6차 회의를 거쳐 1967년부터 실시하던 9년제 기술의무교육제도를 1971년 5년제 중학교와 2년제 고등학교를 합하여 6년제 고등중학교를 만들고 인민학교 4년제와 학교 전 1년제 의무교육을 합하여 11년제 고중의무교육체제를 유지하고 있으며 이전의 교육체제를 일부 바꾸었으나 내용적인 면에서는 북한이 밝히는 대로 '새 세대들의 혁명적 세계관의 골격을 튼튼히 세우고 현대과학과 기술의 기초지식을 폭 넓고 깊이 있게 습득하여 한 가지 이상의 기술은 가지고 사회에 나갈 수 있도록 함'에 그 목적이 있다.

북한의 교육체제는 일반교육체제, 성인교육체제, 특수교육체제로 구분할 수 있다. 이러한 교육체제는 일반교육체제를 기본으로 하고 있으며 인민학교 4년을 마친 후 6년제 고등중학을 거쳐 대학에 진학할 수 있도록 되어 있다. 일반교육의 체제에서 고등중학교 고학년의 경우 기계조작실습, 제도, 실험실습 등의 기술교육의 내용들이 비중 있게 다루어지고 있다. 종전의 고등학교 교육과정을 보면 기술계통의 과목이 전체 시간의 35%를 차지하여 가장 높다. 대학의 경우도 자연과학계의 비중이 사회과학계의 비중의 70%에 달하는 것으로 되어 있다. 이는 공업대학과 공장대학들이 기술인력을 양성하는 기능직의 대학들에 많이 포함되어 있기 때문이다.

(2) 과학기술 교육기관

북한의 과학기술교육은 기능공의 양성교육으로 기수의 제도가 있고, 기술자의 양성교육으로 기사의 제도가 있으며, 연구원의 양성교육 등으로 구분할 수 있다. 기수의 자격은 우리의 기능사의 자격을 의미하는 것으로 우리나라의 실업계고등학교 졸업장 정도를 의미하며 기사의 자격은 우리나라의 기사와 비슷한 것으로 전문대학졸업자격의 정도를 말한다. 그리고 연구원이란 우리의 대학교 졸업생 이상을 의미한다.

북한의 과학자는 우리나라의 대학원에 해당하는 연구원과 박사원을 통하여 배출되고 있으며 기술계 대학 및 공장대학을 통하여 기사를 그리고 기술고등전문학교 통하여 기능공을 배출하고 있다.

기술고등전문학교는 전문 부문별로 설립되어 있으며 졸업자는 기능공으로서 기수의 자격증을 받고 중간적인 직무를 맡으며 주로 공장, 병원, 농장, 기업소 등에 배치된다. 기능공들이 하는 일은 공장에서의 제도, 공작, 공정관리, 병원, 연구소 등에서 실험수, 조수 등의 역할을 하게 된다.

북한에서는 기술계 대학을 졸업하면 기사증을 주고 학위는 박사원에서 준박사 학위논문과 박사 학위논문을 통과한 자에게 한하여 준박사 학위와 박사학위를 수여한다. 큰 공장에는 공장대학이 부설되어 있으며 야간에 교육을 실시하고 규모가 비교적 큰 야간대학과 통신대학이 병설되어 있으며 현직 노동자들의 기술교육을 맡고 있다.

북한의 기술교육은 국가 정책상 필요에 알맞게 기술자를 육성하고 있으며 학교체계 및 학교의 수준을 다양화하여 기능공, 기술자, 연구원 등을 필요에 따라 양성하고 있다. 이에 과학기술인력을 양성하기 위한 교육기관을 알아보고자 한다.

1) 제1고등중학교

북한은 1984년 평양, 청진, 개성, 혜산 등 각 시 도청소재지에 과학영재학교인 제1고등중학교를 신설하였으며 현재 각 시도에 12개의 학교가 있다.

이 학교는 인민학교 졸업생과 고등중학교 재학생 중 과학기술 분야의 성적이 우수한 학생들에게 주어지며 현대적인 과학실험 실습실과 어학 실습실 등이 구비된 북한의 최고 교육시설이다. 특히 평양 제1고등중학교는 지덕체를 겸비한 공산주의 건설의 후계자를 양성할 수 있도록 교실과 실험 실습실 및 문화시설까지도 최상급으로 갖추도록 지시하였다. 이는 북한이 과학영재를 육성하기 위해 학교를 설립한 것은 부분적인 개방을 모색함으로써 선진과학기술을 도입하는 데 필요한 자원을 육성하고, 이를 수용할 과학기술인력을 확보하는 데 그 목적이 있다.

북한은 앞으로도 과학영재학교를 확대하여 첨단과학 분야에 필요한 고급과학두뇌의 양성에 총력을 다 할 것을 강조하고 있다.

2) 고등전문학교

북한은 1966년 11월 최고 인민회의에서 기능공을 양성하기 위하여 1967년 4월부터 주요 공장과 기업소에서 기능공학교를 설치하여 운영하였다. 이는 입학의 자격을 중학교 졸업자로 하고 수학연한은 1-2년으로 하였으며 이것은 공장 내에서 일하면서 공부할 수 있는 제도로서 기능공 양성을 효율적으로 할 수 있는 제도라고 하였다.

이후 1967년 4월에 개정된 새 교육제도에 의하여 고등기술학교라는 학교가 설립되었으며 학교제도는 대학 출신의 기술자와 기능공의 중간적인 역할을 하는 우리의 기사제도와 같은 제도이다. 우리의 공업계 전문대학과 비슷한 것으로 1959년 이전에는 북한에서 중등기술전문학교와 고등기술전문학교의 형태로 실시되었던 것으로 1959년 이후에 크게 개편을 하게 되었다.

그 변천의 과정을 보면 1962년부터 1967년까지 실시되었던 학제는 북한의 교육이 기술 중심의 교육체제로써 인민학교 4년 초급중학교 3년을 이수한 후에 기술학교 2년과 그 위의 고등기술학교의 2년의 과정이 설치되어 있었다. 이와 같은 기술교육을 끝마친 후에야 대학에 입학할 수 있었다.

그러나 점차 공업의 수준이 향상되고 기술자의 수요가 증가함에 따라 기술자의 질적 향상이 문제가 됨으로써 고급기술자의 양성을 위하여 1967년부터 중학교 과정을 5년으로 연장하고 그 위에 2년제의 고등학교를 신설하여 이 과정을 마친 후에 대학에 진학할 수 있는 제도와 유능한 기술자를 양성할 수 있도록 5년제 중학교 졸업자들이 갈 수 있는 3-4년제의 고등기술학교 제도를 마련한 것이다. 이런 제도의 고등기술학교는 1967년 이전의 고등기술학교와는 그 성격이 많이 달라진 것으로 초급 기술자의 양성기관이라고 할 수 있으며 우리의 학제와 비슷한 것으로 보여 진다.

북한은 이러한 기술의무교육의 체제를 한 단계 높은 수준의 기술교육으로 상승시키기 위하여 개편을 단행하였다. 그러나 북한은 1971년 10년제 고중의무교육 실시에 대한 방침을 결정하면서 고등기술학교의 개편에 대하여 다음과 같이 말하고 있다.

"고등기술학교는 기술전문교육을 더욱 강화하는 방향에서 교육의 내용을 고치고 기수, 중등전문가 양성의 질을 훨씬 높이며 앞으로 고등전문학교로 개편하여 운영한다."

이러한 변천의 과정을 거쳐 온 고등전문학교는 전문 분야별로 구분을 하게 되었으며 의학, 광업, 임업, 농업, 수산, 화공, 전기, 건설, 경공업, 기계, 조선, 운수, 물리, 금속, 탐사, 경제, 해양, 공업건설, 공업경제, 석탄공업, 통신, 기상, 견제, 원제, 방직, 식료, 섬유, 농기계, 수의, 관계, 축산, 산림, 요업, 인쇄, 철도, 재정경제, 고등경제, 사회급양, 체육, 곡예 등의 고등전문학교가 설립되었다.

3) 기술자 양성기관

북한의 기술자 양성기관은 김책공업 종합대학, 평양건설대학, 신의주경공업대학, 함흥화학공업대학 등 15개의 공업대학이 주로 기술자를 양성하는 교육기관이며 김책공업 종합대학을 제외한 모든 공업대학은 공업지역에 그 지역을 대표하는 전문화된 공업 관련 학과만을 개설하여 교육하는 것을 원칙으로 하고 있다. 이들 공업대학은 지역의 특성과 밀접한 관계를 가지고 있을 뿐만 아니라 산학협동체제를 갖추고 있다.

김책공업 종합대학은 1948년 김일성 종합대학에서 분리되어 26개의 학과를 개설하고 있어 공업대학 중 가장 권위 있는 학교로 알려져 있으나 이는 실용적인 기술교육에 중점을 두어 현장기술자의 양성에 심혈을 기울이고 있다. 이곳에 학과가 개설되어 있지 않은 건축계학과는 평양건설대학에 그리고 화학공업계학과는 함흥 화학 공업대학에 개설되어 있다.

북한에서는 정규대학 이외에 기업소나 공장에서 운영하는 공장대학이 있다. 이는 공장이나 기업소의 현장이 실험실습의 장소가 되고 학습의 장소가 되며 교원들의 대부분은 공장에서 일하면서 가르치는 과학자, 기술자, 전문가들이고 학생들 또한 공장이나 기업소의 근로자들이다.

공장대학을 졸업한 졸업생들에게는 일반대학 졸업생과 마찬가지로 기사 자격증을 교부받으며 입학자격은 고등전문학교 또는 공장고등기술학교졸업생으로 모범적인 혁신 노동자 중에서 공장위원회의 추천을 받은 자라야 한다. 북한의 이공계대학은 대학 총수의 70%가 이공계대학으로 종합대학은 김일성 종합대학과 김책공업 종합대학이 있다.

① 김일성 종합대학 자연과학부

김일성 종합대학은 자연과학부에 19개학과가 개설되어 있으며 이와는 별도로 컴퓨터 과학대학이라는 단과대학을 1989년 설립하여 정보공학과와 컴퓨터공학과를 개설하고 있다. 이들은 대학에서 8비트급 컴퓨터를 자체 생산한 경험이 있으나 주로 소프트웨어를 개발하고 있으며 지문인식시스템 등 생체측정기술 응용 분야 및 음성인식, 자동번역프로그램, 바둑장기 등 오락프로그램, 아동 및 학생대상의 멀티미디어 프로그램 등의 분야를 주로 연구개발하고 있으며 프로그램의 화면구성에는 조잡하나 기술면에서는 일정수준에 도달한 것으로 보인다.[30]

김일성 종합대학의 전체 학생수는 주간부가 15,000여 명, 야간부가 5,000여 명에 이르며 교수진이 1,200여 명, 교직원이 3,500여 명

---

30) 국가정보원, 북한정보, 과학기술, 2001. 5. 9.

에 이른다. 또한 이 대학은 내각 직속으로 기초과학연구의 핵심적인 역할을 하고 있으며 학사 관계만 교육성의 지시를 받는 것으로 되어있는 특별 지원 대학이다.

김일성 종합대학의 자연과학부 학과는 물리학과, 핵물리학과, 전자공학과, 수학과, 역학과, 분석화학과, 물리화학과, 방사선화학과, 동물학과, 동물생리학과, 식물학과, 식물생리학과, 토양학과, 기상수문학과, 지리학과, 축지지도학과, 지질학과, 지구물리탐사학과, 지구화학과 등이다. 김일성 종합대학과 김책공업 종합대학 이외의 모든 대학은 단과대학이며 북한은 현재 공업계통의 정규대학에서 기술자를 양성하고 있다. 이들 대학들은 학과가 매우 세분화 되어있어 대학도 각 지방의 산업적 특성에 알맞은 학과를 설치하고 있다.

② 김책공업 종합대학

이 대학은 북한의 가장 권위 있는 대표적인 공업계 대학으로 평양특별시 외성구역 교구동에 위치하고 있다. 1948년 김일성 종합대학에서 분리하여 평양공업대학으로 개칭하였다가 1952년에 다시 김책공업대학으로 개칭되었으며 1992년 종합대학으로 승격되었다. 이는 한국의 이공계열 단과대학에 해당된다. 이 대학은 공학연구의 핵심적인 대학으로 박사원에 준박사과정과 박사과정이 개설되어 있으며 준박사와 박사를 배출하고 있다. 10개 학부의 26개학과에 52개 강좌가 있고 17개의 연구실을 갖춘 4개의 과학연구소가 있다. 학생의 수는 6,500여 명으로 주간학부 학생이 4,000여 명, 야간학부 학생이 800여 명, 통신학부 학생이 1,500여 명이 된다. 교직원의 수는 2,000여 명으로 그중 1,000여 명이 교원이며 나머지가 행정사무원 및 기타 종업원으로 되어 있다. 졸업생들은 대학의 교원, 연구소원, 현장의 중심적인 기술자로 배치되어 있다. 그 비율은 고등교육성에 40%, 보통교육성에 약 10%, 민족보위성에 약 10%, 과학원 약 20%, 기타가 20%이다. 대학신문으로는 '붉은 기사'가 있으며 학생들의 연구 및 성과물 발표와 체육활동 등을 게재하고 그리고 가끔 논문이 발표되기도 한다.

이 대학에 개설되어있는 학과는 다음과 같다.

◎ 주간학부
 -. 지질학부: 지질학과, 지구물리탐사학과.
 -. 광업공학부: 채광학과, 선광학과.
 -. 금속공학부: 유색야금학과, 흑색야금학과, 금속재료학과, 인쇄공학과.
 -. 기계공학부: 기계공학과, 정밀기계학과, 광학기구학과, 동력기계학과, 선박동력장치학과, 선박건조학과.
 -. 기계제작학부: 기계제작학과, 연조공학과, 압착가공학과.
 -. 전력공학부: 전자기구학과, 전자공학과.
 -. 공학경제학부: 공업경제학과.
 -. 원자력학부: 핵전자공학과, 원자로공학과, 핵재료공학과.
 ◎ 야간학부: 기계제작학과, 전력공학과, 계측공학과, 공업경제학과, 축전공학과.

◎ 통신학부: 지질학과, 채광학과, 선광학과, 기계제작학과, 전력공학과, 금속가공학과, 기계공학과, 인쇄공학과, 공업경제학과, 축전공학과, 야금학과.

③ 평양건설대학

이 대학은 김책공업대학에서 분리되어 설립된 건설공업에 필요한 기술자만을 양성하는 대학으로 평양특별시 중구역 중성동에 위치하고 있다. 학생의 수는 3,000여 명, 교직원의 수는 약 250명 정도이다.

◎ 주간학부: 건축학과, 건설 및 도시경영학과, 건축공학과, 상하수도학과, 난방환기학과, 기술측량학과, 건설재료학과, 원림학과.

◎ 야간학부: 건축학과, 건축공학과

◎ 통신학부: 건축학과, 건축공학과, 기술측량학과, 건설 및 도시경영학과, 상하수도학과, 난방환기학과, 건설재료.

④ 함흥화학공업대학

함흥시 화상구역에 위치하고 있으며 1947년 함남공업대학으로 발족하였다가 1954년에 함흥으로 이전하여 함흥화학공업대학으로 개칭되었다. 학생의 수는 1,500명이며 교직원의 수는 300여 명이다. 김책공업대학에는 화학공학계학과가 없으며 이 대학은 북한에 있어서의 화학공학계의 유일한 대학이다.

◎ 주간학부: 유기합성공학과, 제약공학과, 고분자화학공학과, 유기화학공학과, 무기화학공학과, 규산염공학과, 연료화학공학

과, 화학기계학과, 기계제작학과.

◎ 통신학부: 유기합성공학과, 규산염공학과, 기계공학과, 기계제작학과, 무기화학공학과, 고분자화학공학과, 연료화학공학과, 공업경제학과.

⑤ 평양운수대학

이 대학은 김책공업대학 운수공학부와 평양건설대학 토목공학부 운수건설학과가 통합되어 평양운수대학으로 발족하게 되었으며 평양시 형제산 구역에 자리 잡고 있다. 학생의 수는 약 1,000여 명이고 교직원의 수는 200여 명이다.

◎ 주간학부: 철도기계학과, 철도운영학과, 교량 및 터널학과, 도로 및 철도 건설학과.

◎ 통신학부: 도로 및 철도건설학과, 철도기계학과, 철도운영학과.

⑥ 평양기계대학

이 대학은 평양시에 있으며 1959년에 설립되었고 학생의 수는 1,800여 명이고 교직원의 수는 약 100여 명이다.

◎ 주간학부: 기계제작학과, 공작기계학과, 정밀기계제작학과, 농기계학과, 건설운반기계학과, 자동차 및 트렉타 운영학과, 금속공학과, 압착가공학과.

◎ 통신학부: 기계제작학과, 기계공학과, 금속가공학과.

⑦ 신의주경공업대학

이 대학은 평안북도 신의주시에 있으며 학생의 수는 약 2,000여 명이다.

◎ 주간학부: 방직공학과, 펄프제지공학과, 염색가공학과, 가스 및 물 가공학과, 식료공학과, 효소공학과, 방직기학과.

◎ 통신학부: 가스 및 물 가공학과, 식료공학과, 방직공학과, 펄프 및 제지공학과, 염색가공학과, 기계공학과.

⑧ 함흥수리대학

이 대학은 함흥시 반룡구역에 있으며 1959년에 설립되었다. 학생의 수는 1,000여 명이고 교직원의 수는 100여 명이다.

◎ 주간학부: 수력공학과, 관계학과, 전기기계 및 기구학과, 동력기계학과.

◎ 통신학부: 수력공학과, 전력공학과, 관계학과, 동력기계학과.

⑨ 함흥동력대학

이 대학은 함흥시 성천 구역에 있으며 1959년 내각의 결정 19호에 의하여 설립되었다.

◎ 주간학부: 전력공학과, 전기기계 및 기구학과, 자동화학과, 열공학과.

◎ 야간학부: 전기공학과, 기계공학과.

⑩ 청진광산금속공업대학

이 대학은 청진시에 위치하고 있으며 1959년 내각결정 19호에 의하여 설립되었다.

　　◎ 주간학부: 지질학과, 수문지질공학과, 채광학과, 채광공학과, 갱건설학과, 광산기계학과, 기술측량학과.

　　◎ 통신학부: 지질학과, 채광학과, 기술측량학과, 채광공학과, 광산기계학과, 공업경제학과.

⑪ 평양송신대학

이 대학은 평양시에 있으며 1959년에 설립되었다.

　　◎ 주간학부: 유선공학과, 라디오공학과.

　　◎ 야간학부: 약전공학과.

　　◎ 통신학부: 약전공학과, 공업경제학과.

⑫ 귀성기계대학

이 대학은 평안북도 귀성에 있으며 설립 시기는 미상이다.

　　◎ 주간학부: 기계제작학과, 농기계학과, 기계공학과, 압착가공학과, 정밀기계학과,

　　◎ 통신학부: 금속가공학과, 정밀기계학과, 기계공학과, 농기계학과, 기계제작학과.

⑬ 평남석탄공업대학

이 대학은 평안남도에 위치하고 있으며 1968년에 설립되었다.

　　◎ 주간학부: 석탄 및 석유탐사학과, 채탄학과, 석탄공학과, 탄광전기설비학과, 탄광기계학과.

⑭ 사리원지질대학

이 대학은 사리원이 위치하고 있으며 1970년에 설립되었다.

◎ 주간학부: 광물탐사학과, 석탄탐사학과, 원유탐사학과, 채광학
과, 지구물리탐사학과.

⑮ 희주공업통신대학

이 대학은 평안북도 희주에 있으며 1959년에 설립되었다.

◎ 주간학부: 라디오전자공학과, 전자기구학과, 기계제작학과.

◎ 야간학부: 기계제작학과, 전자기구학과.

◎ 통신학부: 약전공학과

4) 과학자 양성기관

북한의 270여 개의 대학 중 종합대학은 김일성 종합대학과 김책
공업 종합대학이 있다. 북한의 과학자는 평양이과대학을 제외하고
거의 대부분 김일성 종합대학에서 양성된다고 할 수 있다.

북한의 평양이과대학은 과학자를 양성하기 위한 특수단과대학으
로 핵물리학, 화학, 수학, 생물학, 전자공학 등 5개학과만 개설되어
있다. 이 대학은 성적만 우수하면 당성에 관계없이 입학이 가능한
것으로 사료된다. 특히 이 대학은 과학원 직속대학으로 학생들을
선발하는 과정이 전국의 과학경기대회에서 5위 이내로 뽑힌 우수
한 고등중학생 중 각 학과마다 극소수(5명 정드)로 선발하여 전원
국비로 6년제의 교육을 실시하고 있으며 졸업생들에게는 전원 유

학을 시키는 특전을 부여하고 있다.

그 밖의 과학자 양성기관으로 평양고등물리학교와 김일성 고등물리학교가 있어 과학자를 양성하며 평양고등물리학교와 평양이과대학은 평양의 교외에 과학단지를 형성하고 있다.

(3) 과학기술교육 산학협동

북한의 교육정책의 기본 방향은 교육에 있어서의 주체성의 확립과 교육과 생산노동의 결합이라는 데 있다. 이 가운데서 특히 교육과 생산노동의 결합 또는 산업과 학문의 협동이라는 문제는 김일성 치하의 북한정권이 계속해서 강조해온 하나의 교육이념이라고 할 수 있다. 일하면서 배운다는 구호 아래 모든 학생자원의 노동력을 노동자원의 학생화라는 북한의 교육체제는 사실상 여러 가지 필요와 목적에 따라 이룩되어 온 것임에 틀림없다.

여기에서는 먼저 북한의 교육체제의 특징의 하나인 산학협동이라는 체제가 어떻게 이루어지고 있는가 하는 문제를 살펴보고 이것이 요구하고 있는 효과가 어떤 것인가에 대하여 살펴보고자 한다.

1) 전반적 11년제 고중의무교육

북한은 1967년부터 1975년까지 전반적 9년제 기술의무교육을 실시하였다. 이것은 만 7세부터 16세까지의 모든 어린이와 학생들을 국가에서 무상으로 공부를 시킨다는 것을 말한다. 북한은 1956년부터 초등의무 교육제도가 실시되었고 이것이 1958년에는 자기들이 말하는 동방초유의 중등의무 교육제도가 실시되었는데 이것을 1967년부터는 일반교육과 기초기술교육을 배합하는 전반적 9년제 기술의무 교육체제로 개편했다. 김일성은 그의 선집에서 '우리 앞에 나서는 가장 중요한 과업은 9년제 기술의무교육을 질적으로 잘 실시하는 것입니다. 우리는 9년제 기술의무교육을 잘 실시하여 기술인재 육성사업을 나라의 생산력 발전과 기술혁명의 빠른 속도에 따라 세워야 하겠습니다.'라고 말한 바와 같이 김일성은 질적으로 우수한 교육이 다름 아닌 기술교육의 강화라는 것을 직접적으로 시사하고 있다. 구체적으로는 '하나는 전체를 위하여 전체는 하나를 위하여'라는 공산주의적 구호 아래 '모범분단', '천리마학급' 칭호의 쟁취운동을 함으로써 학생들이 김일성의 충직한 전사로 조직과 집단을 사랑하는 공산주의 건설의 역군임을 자부하였다.

이러한 9년제 기술의무교육의 실시는 북한의 사회, 경제적 현실과 밀접한 관련을 맺고 있음을 간과할 수 없다. 북한은 1961년 수립한 7개년 계획의 목표 달성이 어렵게 되자 이를 3년간 연장하지 않을 수 없게 되었는데 이에 맞추어 종전의 일반교육과 기술교육을 통합하여 9년제 기술의무교육을 실시함으로써 지배층의 하는 일에 좀 더 합리성을 보여주기 위한 목적과 그에 따른 선전적 효과를 노리고 이와 같은 결정을 하였던 것이다.

이후 북한은 1972년부터 유치원 높은 반 1년과 인민학교 4년, 고등중학교 6년을 의무교육으로 하는 이른바 '전반적 11년제 의무교육'을 시작하였으며 1975년 9월에 전국적으로 전반적 11년제 의무교육을 확대 실시하였다.

북한의 인민학교 교육기간이 4년으로 짧은 것은 국가나 가정에 의존하는 과정을 축소하고 독립적인 노동일꾼으로써의 의식을 깨우쳐 주려는 북한의 교육적 의도가 있고 노동일꾼으로써 사회활동에 참여를 유도하려는 의도가 있다. 고등중학교 6년은 한국의 중등교육단계로 초기 4년은 중학교 교육과정이고 후기 2년은 고등학교 교육과정에 해당되며 후기 2년의 교육과정에는 기술학교에서 학습하던 직업계열의 과목도 학습하고 있다.

북한은 중등일반교육에서 강조하는 학습으로 정치사상교육, 과학기술교육, 외국어 교육과 체육교육을 중요시하고 있다. 정치사상교육에서는 공산주의적인 인간의 육성과 주체사상을 강조하고 기초과학교육에서는 수학과 과학을 통한 과학적 사고 능력을 길러주어야 하고 응용능력을 배양하여 기초과학기술을 튼튼히 해야 한다는 것이다. 외국어교육은 첨단과학기술을 선진국으로부터 도입하기 위해서는 반드시 외국어능력을 배양하여야 하고 국제적인 교류와 협력을 위해서도 반드시 필요하다는 것이다.

김정일은 1984년 '현대 과학기술의 발전 추세와 사회주의 건설의 현실적 요구에 맞게 교육내용과 방법을 개선해야 한다.'라고 하였다. 이는 전반적 11년제 의무교육에서 과학기술교육의 질적 향상을 강조한 것으로 중등일반교육에서의 질적 개선을 요구한 것이다. 교육방법의 개선으로써 실험실습과 연습, 학생들의 창의성과 자립성을 중시하고 학교에서의 교수사업을 강의 중심적인 편향을 버리고 모든 교육학적 과정을 사회주의교육학의 요구에 맞게 편성해야 한다는 것이다. 여기에서 사회주의교육학의 요구는 학생들이 충분히 소화할 수 있는 실험실습과 연습을 통하여 응용능력과 실천능력을 배양하는 것이고 교육의 방법에 있어서는 암기와 반복학습을 지양하고 사물에 대한 본질을 파악하여 능동적인 사고력을 키우는 다양한 응용능력을 요구하고 있다.

2) 중등교육에서의 산학협동

북한은 일하면서 배우는 사회주의교육의 중요한 특성으로 중등교육단계에서 근로자 고등중학교가 있었으며 고등교육단계에서는 공장고등전문학교와 공장대학들이 있었다. 1982년 이전의 학제에서는 인민학교단계에서 근로자 학교가 있었으나 이후 학제에서 폐지된 것으로 보도되고 있다. 북한은 1990년대에 근로자들의 학력수준이 상승하고 중등교육의 확대로 성인교육기관인 근로자 고등중학교를 폐지하였다. 이는 북한의 「조선중앙년감」에서 '교육위원회는 전국적 범위에서 근로자 고등중학교 대상들에 대한 교육실태를 전면적으로 조사 장악한 데 기초하여 우리나라 근로자들 속에서 고등중학교 교육을 받아야 할 대상이 기본적으로 없어졌다는 것을 확정하였으며 이에 따라 근로자 고등중학교 체계를 완전히 없앨 데 대한 조치를 취하였다.'라고 기술하고 있다.[31]

---

31) 조선중앙년감, 조선중앙통신사, 1991, pp.486-492.

북한은 '일하면서 배우는 교육체제'를 중요시하고 있는데 이는 노동자들이 생산에 종사하면서 학습하는 사회주의교육체제를 유지하고자 함이다. '사회주의교육에 관한 테제'에서는 이러한 일하면서 배우는 교육체제에서 노동자들에게 직장에서 학습을 계속 할 수 있게 함으로써 산학협동체제에 있어서 사회주의 건설의 자기초소를 구축하는 데 성공적 실현을 거두었다고 분석하고 있다.

북한은 중등교육에서 이미 산학협동의 체제를 위해 노력할 뿐만 아니라 전문교육 또는 고등교육에서도 이를 더욱 강조하고 있는 형편이다. 1969년에 설립한 기술계 대학만도 청진광산대학, 혜산농림대학, 함흥수리대학, 원산수산대학, 신의주경공업대학, 회천공업대학, 사리원농업대학, 해주의학대학, 평양연극영화대학, 평양기계대학 등의 10개 대학에 이르고 있으며 이러한 대학들은 한해에 3-4개의 대학이 생겨났는데 공장이나 병원이 새로 들어설 때마다 더불어 생겨나는 것이거나 기존의 공장, 병원에다 새로운 대학의 간판만 걸면 그것으로 하나의 새로운 대학이 생겨나는 그런 상황이었으며 이러한 대학들은 신의주농업대학, 신의주의학대학, 강계의학대학 등이 있다.

3) 고등교육에서의 산학협동

북한은 1960년 이후 공장대학을 설립하기 시작하였다. 이것은 노동계급 속에서 새로운 인재들을 양성하고 교육과 생산, 이론과 실습을 결합하여 노동자들이 생산으로부터 이탈되지 않고 지속적으로 고등교육을 받게 하여 생산의 기술을 향상시키는 데 그 목표를 둔 것이다. 공장대학은 생산의 공정에 따라서 다르게 교육을 실시하나 기계, 금속, 전기, 화학, 채광 등의 부문을 중심으로 하는 것이 많으며 그중에서도 전기, 금속부문이 압도적으로 많다.

공장대학은 직접 공장의 자금으로 운영하며 공장의 간부들이 교원이 되고 공장대학의 학장은 공장의 지배인이 겸임하며 교원의 대부분은 공장에서 일하면서 가르치는 기사 전문가들이고 학생들은 일하면서 배우는 노동자들이다. 수업의 연한은 5-6년이며 수업은 오후 4시부터 하루 3시간씩 주당 18시간이며 졸업 후의 자격은 일반대학과 같고 기사의 자격증을 교부 받는다. 입학의 자격은 고등중학교 졸업자로서 모범적인 노동자들 중에서 공장위원회의 추천을 받은 자들이 입학할 수 있다.

북한은 공장대학의 설립목적을 성인을 대상으로 하는 고등교육기관으로 다음과 같은 목적을 가지고 있다. 첫째는 노동자들이 생산의 현장에서 기술을 습득하고 향상시킬 수 있다. 둘째는 노동자들의 기술과 지식을 향상시킴으로써 노동자와 인텔리 간의 차별을 없애고 육체노동과 정신노동의 차이를 줄일 수 있다. 셋째는 교육에 대한 욕구를 충족시켜준다는 취지에서 노동자들에게 대학교육의 기회를 확대한다. 이러한 북한의 사회주의교육이념을 지향하는 교육제도를 공장대학에서는 교육목적으로 하고 교육과 노동의 결합, 생산현장에서 유용한 기술을 습득하는 것을 중요시하고 있다.

공장대학은 공장, 기업소 등에 병설로 설치되어 학습과 실습의 장소가 동일한 장소에서 이루어지고 이론수업은 별도의 강의실에서 이루어지고 실습은 작업장에서 이루어진다. 대부분의 학생들이 공장노동자나 인근 지역의 노동자들이기 때문에 공장의 규모에 따라서 대학의 규모도 결정된다. 북한의 공장대학은 일반적으로 100명 이내의 소규모가 많은 것으로 알려져 있다.

공장대학은 공장고등전문학교나 일반고등전문학교를 졸업하고 현재 공장에 근무하고 있는 자 중에서 공장장의 추천을 받아야 하기 때문에 모범적인 노동자만이 입학할 수 있도록 함으로써 근무의 통제를 같이 할 수 있다는 점에서 간접적인 효과를 갖고 있기도 하다.

북한의 농장대학은 1981년 12월 청산농업대학을 개교하면서 처음으로 농장대학이 운영되기 시작하였으며[32] 이는 1년의 예비과와 5년의 본과로써 농학과와 농기계학과를 두고 있다. 농장대학의 운영은 농업위원회가 관장하고 교육과정 및 행정지도는 교육위원회가 담당하고 있으며 농장대학의 학장은 농장관리 위원장이 맡는다.

북한의 농장대학은 영농기간을 고려하여 수업을 진행하며 일반적으로 12월에서 다음해 2월까지 집중적으로 주간대학과 같이 수업하며 농번기인 3월에서 6월, 10월에서 11월에는 학생들에게 학습의 과제를 주어 평가하는 방법으로 진행하고 7월에서 9월에는 저녁시간을 이용하여 1~2과목의 강의를 듣는다.

어장대학은 대규모 수산기지인 함남 신포시에 1979년 신포수산

---

32) 리영환, 「조선교육사 6」, 사회과학출판사, 1995, pp.105.

대학을 최초로 설립하였으며 이는 어로에 종사하는 자들에게 일하면서 교육을 받을 수 있는 대학으로 설립되었다.

3. 선행 연구

지금까지 북한의 과학기술교육에 대한 연구는 활발하게 진행되지 못하였다. 이것은 정부가 통일을 준비하는 과정에 있어서 정치경제에 치우친 편향적인 자세로 일관되게 접근해 왔다는 증거일 것이다.

북한 관련 과학기술교육에 대한 논문은 많지 않으나 '남북한 초·중등 과학교과서의 화학내용 비교'(노석구, 1995)에서 과학 학습의 일부분인 화학을 연구하여 남북한 화학적 이질성을 분석하였다. 이 논문에서는 화학교과서의 남북한 내용 비교, 내용 전개, 교과서의 외형, 중등교육에서의 수준 등을 분석하였다.

통일부는 '북한의 과학기술수준 분석'을 대외비로 하여 연구자료 보고서를 만들었으나 이는 북한의 농업기술수준 분석과 공업기술수준 분석, 그리고 북한의 의료제도 및 기술수준 분석으로 특정 분야에 대한 연구로서 교육적인 측면에서의 내용은 아니다.

또한 통일부는 '북한 과학기술 분야의 대외 협력실태'의 논문에서 북한의 대외경제 및 과학기술정책과 국가별 기술교류 실황, 산업별 기술교류 실황, 대외 군사무기교류 실황 등의 연구보고서를 작성하였으나 북한의 과학기술교육에 관한 연구의 내용이라고는 할 수 없다.

통일부는 '북한의 기술교육 및 고등교육의 발전상'을 대외비로 하여 연구보고서로 작성한 바 있는데 여기에서는 기술인재양성제 도의 체계화 과정과 농업대학, 예술대학, 공장대학, 의과대학 등을 연구한 것으로 고등교육에서의 과학기술인재의 양성에 초점을 맞 추어져 있다.

'북한의 과학기술연구'는 통일부에서 1975년 발표한 연구보고서 로 기초과학에서 수학, 물리, 화학을 연구한 바 있으나 내용이 개 략적인 내용이며 현재의 시점에서 고찰하기에는 시대적 상황에 맞 지 않는다.

'북괴의 과학기술교육에 대한 고찰'(조순탁, 1972)에서는 북한의 과학기술교육의 변천 현황을 분석하였을 뿐 내용은 전혀 나타나 있지 않다.

'남북한 중학교 지리교과서 비교 분석'(김현주, 1995)에서는 남 북한 지리교과과정 비교와 중학교에서의 지리교과서를 분석하였으 나 이는 과학의 일부분으로 전체적인 과학교육을 파악하는 데 참 고자료가 되고 있다.

'북한 교과서 분석'은 통일부가 1992년 출판한 것으로 과학기술 교육과 관련된 내용이 자연교과 내용에 사상성을 강조한 내용을 발췌하여 사례별로 제시한 것으로 내용적인 분석은 전혀 없다.

지금까지 북한의 과학기술교육에 대한 연구에 대한 다면적 연구 자료는 충분하지가 않다. 이에 본 연구는 전반적인 과학기술교육에서의 정책 및 체제를 이론적 배경으로 하여 북한에서의 과학기술교육의 내용이 어떤 형태로 학습을 하고 있는가를 파악하기 위하여 연구를 하게 되었으며 향후 통일 한국에서의 교육적 통합에 대비한 자료를 준비하고자 하였다.

Ⅲ. 연구의 내용 및 방법

1. 북한의 과학기술교육 개요

　북한의 교육체계에 있어서 교육의 일반적 목표는 공산주의적 인간 형성과 노동 생산인의 형성에 있다. 특히 북한의 과학기술교육의 궁극적인 목표는 크게 두 가지로 구분해 볼 수 있는데 첫째는 생산에 직결된 과학기술의 체득이고, 둘째는 생산과정의 효능을 높이는 현대 기술의 습득이다. 북한은 이러한 목표를 모든 인민에게 의무라는 믿음을 주입하고 있다.

　과학기술의 체득과 관련해서 특이한 것은 일반 교육체계에 있어서 북한이 점차로 기초원리의 이해와 그 적응에 강조를 두고 있다는 점이다. 북한의 기술교육의 정의에 의하면 '기술의무교육은 특정부문의 전문기술 또는 세분화된 직업교육과는 달리 종합적이고 기초적인 생활기술 교육과 현대 생활의 기본 원리를 가르치고 그것을 적용할 수 있는 능력을 기르는 교육'으로 되어 있다.

　북한의 교육에 있어서 이념적 기초는 공산주의적 인간의 육성과 주체사상, 집단주의 이론과 실천의 결합에 있다. 공산주의 인간의 육성은 북한교육이 지향하는 궁극적인 목표이다. 또한 북한의 교육은 주체사상에 근거하여 학습을 하고 있다. 북한의 교육은 집단주의를 지향하고 있으며 교육에 있어서 주체사상을 바로 세워야

나라의 주인인 인민을 위해서 봉사할 수 있다는 것이다.

이는 모든 학생들로 하여금 개인주의와 이기주의를 없애고 '하나는 전체를 위하여 전체는 하나를 위하여'라는 집단주의 원칙에 따라 노동하고 배우며 사회와 인민의 이익을 위하여 몸 바쳐 투쟁하도록 교양한다.

과학기술교육에 있어서 교육의 원리는 교육과 실천의 결합, 교육과 노동의 결합을 추구하며 일상생활과 연관되는 지식으로 이를 중요시한다. 학교교육에서의 실험실습, 생산실습, 전공실습 등과 같이 실제의 생활에서 생산노동과 연관되는 학습을 중요시하고 있다. 또한 학생들에게 폭넓은 지식을 습득하도록 하기 위하여 현실 속에서 활동하고 혁명사적지 답사, 사회교양기관 방문, 공장이나 협동농장과 같은 곳을 견학하기도 한다. 이러한 교육과 노동의 결합은 사회주의혁명에 동참하도록 하고, 학생들에게 실천능력을 키워 혁명적으로 단련시키며, 교육이 사회주의혁명을 실천하는 데 참여하도록 하여 필요한 지식과 실천능력을 배양하고 있다.

2. 초등교육에서의 남북한 과학교육 비교

(1) 초등교육에서의 자연 교육과정 비교

북한의 인민학교 교과과정은 김일성 혁명역사, 김정일 어린시절, 국어, 외국어, 수학, 자연, 체육, 음악, 도화공작 등 9개의 교과목을

1학년에서 4학년까지 총 시수 3,603시간을 학습하는 것으로 되어 있다. 이 중 자연 교과목은 3학년과 4학년에서 주간 3시간씩 총 222시간을 학습하도록 규정하고 있어 전체의 수업 시수에서 과학 과목이 차지하는 비율은 6.2%에 불과하다.

남한의 초등학교 교육과정은 제6차 교육과정에서 6년 동안 13개 교과를 5,788시간 학습하는 것으로 되어 있다. 이 중 과학 관련 교과목은 1-2학년에서는 '슬기로운 생활' 교과목으로 128시간을 학습하고, 3-6학년은 '자연' 교과목으로 4,046시간 중 510시간을 학습하여 12.6%에 해당된다. 과학교과 총 이수시간은 638시간으로 전체의 수업 시수의 11%가 된다.

〈표-7〉 남북한의 초등교과 총 시수에 대한 자연교과 시수 비교

학교＼남북한	남 한a)			북 한b)		
	총 시수	과학시수	비율	총 시수	과학시수	비율
초등(인민)학교 3학년, 4학년	4,046	510	12.6%	3,603	222	6.2%
	4,046	240	5.9%	3,603	222	6.2%

a) 제6차 교육과정 초등학교 3 ,4, 5, 6학년.
b) 1996년 과정안 인민학교 1, 2, 3, 4학년.

(2) 초등교육에서의 자연교과 단원 비교

남한의 초등과학 교과서는 1학년의 '슬기로운 생활'을 제외하고 4-5개의 단원으로 구성되어 있는데 단원마다 물리, 화학, 생물, 지

구과학으로 분류하는 형식을 취하고 있다. 또한 남한의 초등학교 교과서가 한 학기 단위로 만들어진 반면 북한의 교과서는 한 학년의 단위로 만들어져 있으며, 단원의 크기는 서로 비슷하고 할 수 있다. 교과내용은 〈표-8〉, 〈표-9〉와 같다.

북한의 '자연' 교과서는 3학년과 4학년 모두 10단원으로 구성되어 있으며 교과서의 단원명과 주제명을 볼 때 북한의 초등학교 자연교과서에 포함된 단원은 남한의 자연교과서와 비교하여 통합적 성격이 강한 것으로 보인다.

〈표-8〉 북한의 인민학교 3학년 자연교과 내용

단 원 명	주 제 명
1. 천체	해, 달, 별, 지구.
2. 지하자원	광석알아보기, 금속의 성질, 대리석과 화강석, 석회석과 마그네사이트 석탄과 원유.
3. 땅	흙의 생겨나기, 흙의 조성, 좋은 땅 만들기, 땅의 보호.
4. 공기	공기의 조성, 공기의 무게, 공기의 열붙음과 열전달, 물에뜨는 것 과 가라앉는 것, 물에 풀리는 것과 풀리지 않는 것, 땅속물, 수도, 자연에서의 물의 순환.
5. 자석과 전기	자석, 전지, 전기줄, 전기줄 련결, 전기가 내는 열과 빛, 전자석,번개 와 우뢰.
7. 식물의 구도와 하는 일	뿌리, 줄기, 잎, 꽃, 화분가꾸기, 열매와 씨, 나무가꾸기.
8. 동물의 구조와 하는 일	붕어, 개구리, 새, 토끼.
9. 사람 몸의 구조와 하는 일	피부, 뼈, 힘살, 피와 심장, 위와 밸(창자), 이발(이빨).
10. 산림보호와 개조	산림보호, 산림개조.

〈표-9〉 북한의 인민학교 4학년 자연교과 내용

단 원 명	주 제 명
1. 가을철의 자연	가을철, 곡식, 과일, 들 식물, 꽃씨 모으기, 토끼, 붕어, 은도재기
2. 우리나라 산은 보배산	매, 기름나무, 천과 종이를 얻는 나무, 목재로 쓰이는 나무, 산짐승과 산서.
3. 우리나라 지도	동서남북, 지도의 색과 기호, 산과 산줄기, 벌(뻘), 강과 호수
4. 겨울나이	겨울철, 식물의 겨울나이, 동물의 겨울나이.
5. 물과 공기	물과 얼음, 눈, 공기알아보기, 바람.
6. 강	강이 생기는과정, 강이 이룸새, 강물이 하는 일, 강의 리용과 보호, 갑문, 딘물고기
7. 봄철의 식물	봄철, 씨앗의 싹트기, 꽃씨심기, 공원과 길가의 나무, 산나물과 버섯, 약초, 먹이풀, 꽃풀, 꽃가루 묻혀주기.
8. 바다	바닷물결, 바다에서 사는 생물, 간석지.
9. 여름철의 날씨	여름철, 수증기, 그름과 비.
10. 벌(뻘)에사는 생물	개구리, 남새(체소), 헤로운 벌레와 리로운 벌레, 감자와 고구마, 올과일, 벼와 강냉이, 집짐승과 집새.

각 단원을 물리, 화학, 생물, 지구과학의 분과하지 않고 자연스럽게 통합의 형태를 취하고 있다.

(3) 초등교육에서의 자연교과 학습수준 비교

남북한 초등교육에서의 과학내용의 전체적인 양은 남한이 북한보다 훨씬 많은 양을 학습하고 있다. 이는 고과서의 차이에서는 큰 변화가 없으나 남남한의 학제와 교육과정의 차이에서 큰 격차를 보이고 있다.

남한에서는 초등교육에서의 과학 학습을 6년 동안 학습하는 것에 비하여 북한에서는 2년 동안 학습하기 때문에 과학교과에 배당되는 시간이 남한에서 훨씬 많고 배당 쪽수도 많다.

남한의 초등과학 교과서는 활동과 관련된 문장이나 그래픽으로 활동유형과 그래픽 유형이 주된 학습형태이나 북한은 수업내용이 교과서의 내용을 설명하는 문장 위주로 담화적 유형이 주된 학습형태이다.

한편 북한 초등과학 교과서의 경우 남한의 교과서에 비하여 학습하여야 할 내용에 비해 시간수나 교과서의 쪽수가 매우 적기 때문에 그래픽 활동보다는 설명 위주로 교과서를 구성하고 있다.

3. 중등교육에서의 남북한 과학교육 비교

북한의 고등중학교 과정안은 21개의 교과목이 제시되어 있으며 학생들은 6년 동안 6,343시간을 학습하도록 되어 있다. 이 중 과학 관련 교과목은 물리, 화학, 생물, 지리, 천문학, 전자공학 등이며 이들 과목의 주당 시수와 총 시수는 다음의 〈표-10〉과 같다.

북한의 고등중학교 6년 동안 총 시수 6,343시간 중 과학 관련 학습의 총 시수는 1,623시간으로 전체의 총 시수에서 과학교과에서 학습하는 비율이 25.6%로 나타나고 있다. 이는 남한의 중·고등학교에서 학습하는 과학 관련 교과목과 비교하여 절대적으로 높은 비율이다.

〈표-10〉 북한의 고등중학교 과학 관련 고과목 주당 시수 및 총 시수

| 과목명 | 주당 수업 시수 | | | | | | 총 시수 |
	1학년	2학년	3학년	4학년	5학년	6학년	
물 리		2	3	4	4	5	488
화 학			2	3	4	4	328
생 물		3	2	2	3	3	343
지 리	2	2	2	2	2		320
천문학						2	72
전자공학					1	1	72
계							1,623

남한의 경우 중학교 3년 동안의 총 시수는 남북한 교육과정 편제비교의 〈표-11〉에서 보는 바와 같이 3,648시간 중 과학과 교과목의 총 시수는 406시간에 이른다. 또한 고등학교 인문계열에서는 과학 관련 교과목을 306시간 이수 하도록 되어 있고 자연계열에서는 544시간을 이수하도록 되어 있다.

이를 중학교에서 학습하는 과학 관련 교과목과 고등학교의 과학 관련 교과목을 합하여 보면 인문계열을 선택한자들이 712시간, 자연계열을 선택한 자들이 950시간을 과학 관련 교과목으로 학습하게 되어 있다. 따라서 한국의 중·고등학교를 이수하는 데 필요한 시수가 7,344시간으로 인문계열을 선택한 학생의 경우 9.7%이고 자연계열을 선택한 학생들은 12.9%를 학습하고 있다. 남북한 과학 관련 총 시수는 〈표-12〉와 같다.

〈표-11〉 남북한 중등학교 교육과정 편제 비교

남 한a)						북 한b)		
중학교			고등학교 인문, 사회계열			고등중학교		
교과목	총시수	%	교과목	단위수	%	교과목	총시수	%
도 덕	204	5.9	윤 리	6	3	공산주의 도덕	185	2.9
						경애하는 수령 김일성 대원수님 혁명역사	323	5.1
						위대한 령도자 김일성 원수님 혁명역사	210	3.3
						현행당정책	77	1.2
국 어	476	13.7	국 어	28	14	국어국문학	742	11.7
			국 사	6	3	력 사	298	4.7
사 회	374	10.8	사 회	22	11	지 리	320	5.0
수 학	408	11.8	수 학	18	9	수 학	1,182	18.6
과 학	406	1.7	과 학	18	9	물리, 화학, 생물	1,159	18.3
체 육	306	8.8	체 육	14	7	체 육	293	4.6
음 악	204	5.9	음 악	4	2	음 악	140	2.2
미 술	204	5.9	미 술	4	2	미 술	72	1.1
한 문	136	3.9	한 문	8	4	한 문	257	4.1
외국어	408	11.8	외국어	30	15	외국어	591	9.3
실업, 가정	306	8.8	교 련	12	6	전자공학	72	1.1
가정, 기술산업	136	3.9	실업, 가정	16	8	제 도	52	0.8
선택(컴퓨터, 환경,)	204	5.9	교양선택	2	1	여학생 실습	185	2.9
특별활동	204	5.9	특별활동	12	6	공작실습	185	2.9

자료: 통일시대 북한 교육론, 한만길, pp.363.
    a): 한국의 제 6차 교육과정.
    b): 1996년 개편한 과정안.
    c): 단위수 총계로 실제는 과목별 증감을 통해 204-216단위를 이수하도록 함.

이는 북한이 중등교육에 있어서의 학습을 남한의 중·고등학교
와 비교하여 두 배 이상을 학습하고 있는 것으로 확인됐다.

〈표-12〉 남북한 과학 관련 교과목의 총 시수에 대한 비교

학교\남북한	남 한		북 한	
	총 시수	비 율	총 시수	비 율
중학교 중·고등학교 인문계 중·고등학교 자연계	442 시간 748 시간 986 시간	12% 9.7% 12.9%	1,623시간	25.6%

4. 북한 과학기술교육의 내용

(1) 중등교육에서의 과학기술교육 내용

북한의 고등중학교 과학기술교육은 기초교육의 강조에 그 중점
을 두고 있다. 고등중학교에서의 과학기술교육의 시수 배당률을
보면 1962년에는 일반교육 총 1,613시간 중에 약 54%를 차지하는
880시간을 수학, 물리, 화학에 할당하였으며 또 기술교육의 총 시
수는 1,400시간인데 이 중의 43%인 610시간을 기술이론의 시간으
로 할당하였다.

1971년부터는 일반교육의 비중이 전체의 중학교 과정의 53%에

서 56%로 증가시키고 기술교육을 47%에서 44%로 감축시켰다. 북한은 이러한 일반교육체제에 속하는 고등중학교에서 이와 같은 기초과학 및 기술이론을 강화하고 또한 상대적으로 광범위한 직장 교육체제를 확대하였다. 즉 공장, 광산, 건설현장, 기업소 등 현장에서 숙련공을 양성하기 위한 기능공학교가 개발되었다.

과학기술 교육내용의 전반적인 개관에 필요한 세세한 자료는 수집되지 못하였으나 여기에서 몇몇 과학기술교과의 교수요목을 통하여 교과취급의 경향을 살펴보고자 한다.

북한의 과학기술교과의 목표는 생산의 기초에 대한 일반지식을 주는 것으로 되어 있으며 수학, 물리, 화학 등의 기초과학과의 연결에 유의하도록 되어 있다. 북한의 과학기술 관련 교육의 교과목 가운데 TIMSS의 분석틀에 근거하여 북한에서 학습하고 있는 고등중학교의 학습내용을 분석하였다.

(2) 남북한 중등 과학교과 내용 비교

남북한 중등교육 과학교과에 대하여 북한의 고등중학교 6년과 남한의 중·고등학교 6년의 교과과정을 통한 내용을 비교함으로서 남북한의 과학교과 학습이 어느 정도의 수준에서 학습하고 있는가를 진단하고 남한의 중등과학 교육과 비교하여 향후 남북한 과학교육의 동질성을 이루기 위한 기초자료를 확보하고자 한다.

여기에서 남북한 교육과정의 차이로 인하여 나타나는 교과과정에 대하여 고등중학교 1-3년의 과학 관련 과정을 남한의 중학과학으로 비교하고, 북한의 고등중학교 4학년의 과정을 한국의 공통과학과 비교하며, 고등중학교 5학년의 과정을 물리 I, 생물 I, 화학 I, 지구과학 I 등으로 고등중학교 6학년의 과정은 물리 II, 화학 II, 생물 II, 지구과학 II 등으로 비교하고, 북한의 천문학 교과목은 남한의 지구과학의 교과목의 범위에 해당하는 내용으로 비교하고자 하였다.

1) 중등 물리교과서 내용 비교

북한의 물리과목 학습 영역에 대하여 학습내용과 수준을 TIMSS의 분석틀에 준거하여 남한의 6차 교육과정의 중학과학, 공통과학, 물리 I, 물리 II등 한국의 중·고등학교에서는 없으나 북한의 고등중학교에서는 학습하고 있는 영역으로 '상대성 이론' 영역과 '유체역학'의 영역이 있다.

'상대성 이론' 영역에서는 ① 질량, 에너지, 속도사이의 관계, ② 광속 일정의 법칙, ③ 시간지체와 길이수축 등이 있고 '유체역학'의 영역에서는 ①압력, ② 액체의 흐름, ③ 베르누이 정리, ④ 기체의 흐름, ⑤ 표면장력과 모세관 현상 등이 있다. 또한 북한은 남한의 중·고등학교에서 학습하는 중학과학, 공통과학, 물리 I, 물리 II 등의 교과내용에 포함되지 않는 내용으로 '물성과 변화'의 영역에서 ① 열전자 방출과 열전류 ② 유전체와 자성체 ③ 플라즈마의 내용이 있고 '양자이론과 기본 입자' 영역에서 ① 기본 입자, '소리와 진동' 영역에서 ① 소리의 전파, ② 음향학, '빛' 영역에서 ① 빛의 세기, '전기' 영역에서 ① 반도체 및 반도체 소자, '힘의 형태' 영역에서 ① 부력 등이 있다.

남한의 중·고등학교에서는 학습하고 있으나 북한의 고등중학교에서 학습하지 않는 영역과 내용으로는 '과학기술과 사회의 상호작용' 영역에서 ① 과학기술이 사회에 미치는 영향이 있고 '과학기술의 역사' 영역에서는 ① 과학의 역사, '과학과 관련된 환경자원 문제'의 영역에서는 ① 공해, ② 물질과 에너지 자원의 보존, '과학의 본성' 영역에서 ① 과학 지식의 본성 등이 있다. 북한은 학습의 내용에 있어서 응용사례를 중심으로 현상에 대한 설명을 하고 있는 반면 남한은 자연현상의 원리에 대한 탐구과정을 강조하며 계산식을 사용하는 빈도가 높다. 이는 북한이 실용적인 측면에서 교육과정이 짜여진 것으로 판단된다. 남북한 물리교과 단원은 〈표-13〉과 같다.

한편 남한의 교육과정에서는 '기본 입자'에 대하여 학습을 하였었으나 지금은 '기본 입자'에 대한 학습이 교육과정에서는 빠지는 등 학습량을 줄이는 방향으로 개편하고 있어 남북한의 학습의 내용과 범위가 차이가 날 것으로 사료된다.

또한 '힘과 운동' 영역에 있어서 북한에 비해 남한의 교육과정은 속도와 가속도, 직선운동, 뉴턴의 운동법칙 등의 내용이 중학과학과 공통과학, 물리 Ⅰ, 물리 Ⅱ 등에서 학습내용이 계속 반복되어 포함되고 있다.

북한의 '상대성 이론'과 '유체역학'에서는 그 내용과 수준이 높다는 평가이다. 대체적으로 북한의 교과서 내용 수준이 높다는 것을 감안해도 이는 괄목할 만한 차이라고 할 수 있을 것이다.

북한에서는 '과학의 역사'를 전혀 배우지 않는 것으로 되어 있다. 북한 이탈 주민들의 증언에 의하면 대학생들이 보는 외국계 기술 서적에 대하여 북한이 적대국으로 정한 나라의 학자가 쓴 교재에 나오는 이력에 대하여 완전히 삭제하는 것으로 증언하고 있다. 북한의 과학기술교육 목표가 오로지 양질의 노동자만을 양성하는 데 있다는 하나의 증거일 것이다. 북한은 '과학의 연구'에 있어서도 '초고압 물리학', '극저온 물리학' 등을 학습하는 반면 한국은 '인공위성의 개발 현황' 등을 소개하고 있다.

〈표-13〉 남북한 중등 물리교과서 단원 비교

북 한	남 한

◎ 고등중학교 2학년 물리
 	
제1장 물리적량의 재기
  1. 길이 재기 2. 면적 재기 3. 체적 재기 4. 질량 재기 5. 시간 재기 6. 온도 재기 7. 물리적량의 단위
제2장 빛과 소리
  1. 빛의 직진 2. 빛의 반사 3. 평면거울 4. 구면 거울 5. 빛의 굴절 6. 떨기와 소리 7. 파동과 소리 8. 소리의 세 요소
제3장 힘과 운동
  1. 우리 둘레에서 보는 여러 가지 힘 2. 힘에 의한 물체의 변형 3. 힘의 재기 4. 힘의 세 요소 5. 작용과 반작용 힘 6. 중력과 무게 7. 물체의 운동 8. 속도 9. 관성과 질량 10. 밀도 11. 쏠림힘
 	
제4장 힘과 에네르기
  1. 일과 그의 크기 2. 일능률 3. 지레와 그의 평형조건 4. 도르레 5. 일의 원리 6. 일의원리 7. 운동에네르기 8. 자리에네르기 9. 운동에네르기와 자리에네르기의 서로전환 10. 력학적에네르기 보존
 	
〈실 험〉
  1. 가는 쇠줄의 직경과 종이장의 두께재기
  2. 메스실린더로 액체와 고체의 체적재기
  3. 작은 구멍에 의한 영상관찰
  4. 빛의 반사법칙 알아보기
  5. 거울에 의한 연상의 자리 찾기
  6. 실 전화에 의한 소리의 전파 알아보기
  7. 힘재개의 눈금 새기기
  8. 천평으로 질량재기
  9. 도르레를 쓸 때의 힘과 일
  10. 비탈면을 쓸 때의 힘과 일
	◎ 중학교 1학년 과학(물리)
	Ⅳ. 힘과 운동
	1. 힘의 성질
	  (1) 여러 가지 힘들의 공통적 성질은 무엇일까?
	    ① 탄력성 ② 마찰력 ③ 전기력
	    ④ 자기력 ⑤ 중력 ⑥ 힘의 효과
	  (2) 힘을 어떻게 측정하고 나타낼 수 있을까?
	    ① 힘의 크기와 단위
	    ② 힘의 방향
	  (3) 한 물체에 두 힘이 작용하면 그 효과는 어떻게 나타날까?
	    ① 같은 방향으로 작용하는 두 힘의 합성
	    ② 반대방향으로 작용하는 두 힘의 합성과 힘의 평형
	    ③ 나란하지 않는 방향으로 작용하는 두 힘의 합성
	2. 여러 가지 운동
	  (1) 물체의 운동을 어떻게 나타낼 수 있을까?
	    ① 운동하는 물체의 위치 변화
	    ② 운동의 빠르기
	  (2) 여러 가지 운동의 특징을 어떻게 나타낼 수 있을까?
	    ① 직선운동
	    ② 원운동
	    ③ 진자의 운동
	    ④ 간단한 운동이 겹친 운동
	3. 힘과 물체의 운동
	  (1) 힘이 작용하지 않으면 물체의 운동은 어떻게 될까
	    ① 운동을 방해하는 힘
	    ② 힘을 받지 않은 물체의 운동
	  (2) 힘과 물체의 속력은 어떤 관계가 있을까?
	  (3) 힘과 물체의 운동 방향은 어떤 관계가 있을까?
	
	◎ 중학교 2학년 과학(물리)
	Ⅳ. 전기와 자기
	1. 전하와 전류
	  (1) 전기는 어떻게 발생할 수 있을까?
	    ① 마찰 전기
	    ② 원자모형과 대전
	    ③ 접촉에 의한 대전
	    ④ 정전기 유도에 의한 대전

북 한	남 한
◎ 고등중학교 3학년 물리	(2) 전류는 어떻게 흐르는가?
제5장 열	① 전하와 전류의 관계
1. 열량은 무엇으로 재는가 2. 비열이란	② 전류의 방향과 세기
무엇인가 3. 열량 계산 4. 발열량과 열	③ 전류의 측정
효율	2. 전압과 전류
제6장 전기 띰	(1) 전류를 흐르게 하는 것은 무엇인가?
1. 쓸린 물체는 전기를 띤다 2. 전기에는	① 전압
두 종류가 있다 3. 도체와 부도체 4. 전	② 건전지의 연결과 전압
기량과 그의 단위 5. 전자란 무엇인가	③ 회로 안에서의 전압
6. 원자는 무엇으로 이루어졌는가	(2) 전압과 전류사이에는 어떠한 관계가 있을까?
제7장 전류의 세기, 전압, 저항	(3) 저항은 연결 방법에 따라 어떻게 달라질까?
1. 어떤 때에 전류가 계속 흐르는가 2.	① 저항의 직렬연결
전기회로는 무엇으로 이루어지는가 3.	② 저항의 병렬연결
전지는 어떻게 만드는가 4. 용액 속에서	(4) 도선의 길이와 굵기는 저항에 어떤 영향을 줄까?
는 무엇이 전기를 나르는가 5. 전류의	① 도선의 길이와 저항
세기란 무엇인가 6. 전류계 7. 전압이란	② 도선의 굵기와 저항
무엇인가 8. 전압계 9. 옴의 법칙 10. 전	③ 여러 가지 물질의 저항
기저항이란 무엇 11. 전기줄의 저항은	3. 전류의 작용
길이와 굵기에 따라 어떻게 달라지는가	(1) 전류는 어떻게 열을 발생시킬까?
12. 비저항이란 무엇인가 13. 가변저항기	(2) 사용한 전력량은 어떻게 나타날까?
14. 직렬회로에서 전류와 전압 15. 병렬	① 전기에너지와 전력
회로에서 전류와 전압	② 전력량
제8장 전류의 작용	(3) 전류는 어떻게 자기장을 만들까?
1. 전기줄이 내는 열량은 무엇에 관계되	① 자석과 자기장
는가 2. 전류가 만드는 자석 3. 전동기는	② 전류 주우의 자기장과 전자석
어떻게 돌아가는가 4. 전류가 하는 일 5.	(4) 자기장은 전류에 어떠한 영향을 줄까?
전류의 일 능률 6. 전류는 어떻게 읽을	(5) 전기는 우리생활에 어떻게 이용되고 있을까?
수 있는가	
제9장 에네르기	◎ 중학교 3학년 과학(물리)
1. 어떤 때 물체가 에네르기를 가지고	Ⅰ. 일과 에너지
있다고 말하는가 2. 자리 에네르기의 크	1. 일
기는 무엇에 관계되는가 3. 운동 에네르	(1) 일
기의 크기는 무엇에 관계되는가 4. 운동	① 평면에서 물체를 이동시킬 때 하는 일
에네르기와 자리 에네르기는 서로 전환	② 물체를 들어 올릴 때 하는 일
한다 5. 에네르기는 한 물체에서 다른	(2) 일의 원리 ① 지레 ② 도르래 ③ 빗면
물체에로 넘어갈 수 있다 6. 에네르기는	(3) 일 률
한곳에서 다른 곳으로 퍼져갈 수 있다	(4) 일과 에너지의 관계
7. 속 에네르기란 무엇인가 8. 속에네르	2. 위치에너지와 운동에너지
기는 어떻게 변화시킬 수 있는가 9. 물	(1) 위치에너지
체 속에서의 열전도 10. 열평형 11. 전기	(2) 운동에너지
는 에네르기를 가진다. 12. 빛도 에네르	(3) 역학적 에너지의 보존
기를 가진다 13. 열복사란 무엇인가 14.	(4) 열과 역학적 에너지의 관계
에네르기 보존의 법칙	3. 에너지의 전환과 보존
	(1) 에너지의 전환
	(2) 에너지의 보존

북 한	남 한
제10장 빛 1. 빛의 직진 2. 빛의 반사법칙 3. 평면거울 4.오목 거울은 빛을 어디에 모으는가 5. 빛의 굴절과 랜즈 6. 랜즈에 의하여 생기는 영상 7.랜즈에 의하여 생기는 영상 그리기 8. 사진기와 환등기 9. 눈과 안경 10. 확대경과 현미경, 망원경 제11장 소 리 1. 어떤 흔들이가 빨리 떠는가 2. 파동 3. 소리란 무엇인가 4. 소리의 세 요소 5. 전화 6. 고성기 7. 록음과 소리의 되살림 ◎ 고등중학교 5학년 물리 제3편 전기 제1장 전기마당 1. 꿀롱의 법칙 2. 전기마당과 그의 세기 3. 전력선 4. 전기마당 속에서 전기띤 알갱이가 옮겨갈 때 전기힘이 하는 일 5. 전기 힘의 자리 에네르기와 전위 6.같은 전위면 7. 전기마당의 세기와 전위 차 사이의 관계 8. 전기 마당 속의 도체 9. 도체에서 전기량의 분포 10. 축전기의 전기용량 11. 평판 축전기의 전기용량 12. 축전기의 련결 13. 전기마당의 에네르기 제2장 전류 1. 전류의 세기 2. 옴의 법칙과 도선의 저항 3. 저항체의 련결 4. 전류의 일과 일능률 5. 전류의 열작용 법칙 6. 닫친 회로에 대한 옴의 법칙 7. 전지의 련결 제3장 자기마당 1. 전류와 자기마당 2. 전류회로 토막이 받는 힘과 자기유도 3. 자기 마당 속에서 닫힌 전류회로가 받는 힘 4. 로렌츠힘 5. 전자기유도 6. 유도전의 방향 7. 전자기 유도법칙 8. 자체유도현상 9. 회리전류 10. 자기마당의 에네르기 11. 전자기마당 12. 교류발전기 13. 교류의 실효값 14. 변압기 제4편 떨기와 파동 제1장 력학적 떨기 1. 떨기 2. 떨기식 3. 용수철 흔들이의 떨기주기 4. 흔들이의 떨기주기 5. 강제떨기와 겨떨기	(3) 에너지의 이용 ① 에너지의 효과적인 이용 ② 대체 에너지의 개발 ◎고등학교 공통과학 (물리) Ⅲ. 힘 1. 운동의 기술 2. 운동의 법칙 3. 힘의 법칙 Ⅳ. 에너지 1. 열 2. 태양에너지 3. 전기에너지 4. 화학에너지 5. 생물에너지 6. 에너지의 흐름과 보존 ◎ 고등학교 물리 Ⅰ Ⅰ. 운동과 에너지 1. 물체의 운동 (1) 속도와 가속도 (2) 운동의 법칙 (3) 중력장 내의 운동 2. 에너지 (1) 일과 역학적 에너지 (2) 열과 에너지 보존 Ⅱ 전기와 자기 1. 전하와 전류 (1) 정전기 (2) 전류와 자기장 (3) 전기회로 (4) 전류와 일 2. 전류와 자기장 (1) 전류에 의한 자기장 (2) 자기장에서 전류가 받는 힘 (3) 전자기 유도 Ⅲ. 파동과 입자 1. 파동과 빛 (1) 파동의 발생과 그 기본적 성질 (2) 파동의 성질 (3) 빛의 성질 2. 빛과 물질의 이중성 (1) 빛의 이중성 (2) 물질파 3. 원자의 탐구 (1) 전자와 원자핵의 발견 (2) 보어의 원자 모형 Ⅱ. 에너지와 열 1. 역학적 에너지 (1) 일과 운동에너지 ① 일과 일률 ② 운동 에너지

북 한	남 한
제2장 전자기 떨기 1. 전자기 떨기 2. 고유전자기 떨기의 주기 3. 선륜으로 흐르는 교류 4. 축전 기로 흐르는 교류 5. 강제전자기 떨기 제3장 파동 1. 파동 2. 파장과 파동의 전파속도 3. 파동의 중첩. 정상파 4. 파동의 간섭 5. 파동의 에돌이 제4장 소리파와 전자기파 1. 소리파 2. 소리의 세 요소 3. 껴울림 4. 초음파 5. 전자기파와 그의 복사 6. 전자기파의 성질 제5장 빛파동 1. 비침도 법칙 2. 빛의 굴절법칙 3. 전 반사 4. 랜즈의 공식 5. 광학기구의 배율 6. 빛의 간섭 7. 빛의 에돌이 8. 자연 빛 과 쏠림 빛 9. 빛의 속도, 전자기파로써 의 빛 10. 빛의 분산. 적외선과 자외선 11. X선과 γ선 〈실 험〉 1. 같은 전위면 연구 2. 직류 회로에 대 한 옴의 법칙 연구 3. 금속의 비저항 재 기 4. 전자기 유도현상 연구 5. 흔들이에 의한 중력 가속도 재기 6. 정상파 연구 7. 공기기둥의 껴울림에 의한 소리의 파 장 재기 8. 광원의 빛 세기 재기 9. 유리 의 굴절률 재기 10. 전반사에 의한 유리 의 림계각 결정 11. 랜즈의 공식 검토 ◎ 고등중학교 6학년 물리 제5편 물질의 전기적 성질 제1장 유전체와 자성체 1. 유전체 2. 강유전체 3. 자성체 4. 강자성체 제2장 금속의 전기적 성질 1. 금속에서의 전류 2. 금속의 전기저항 과 온도사이의 관계 3. 열전자 방출 4. 열전류 제3장 반도체 1. 반도체와 그 특성 2. 순수반도체 3. 전 자반도체와 구멍 반도체 4. p-n이음 제4장 기체속에서의 이온화 1. 기체속에서의 이온화 2. 미광방전 3. 방전의 몇가지 형태 4. 플라즈마	(2) 위치 에너지 ① 중력 위치 에너지 ② 탄성 위치 에너지 (3) 역학적 에너지 보존 ① 역학적 에너지 ② 역학적 에너지 보존 ③ 충돌과 운동에너지 2. 기체의 분자운동 (1) 열에너지 ① 열과 온도 ② 열의 일당량 ③ 열현상 (2) 기체의 분자 운동 ① 기체의 상태 방정식 ② 분자운동과 압력 ③ 분자운동과 온도 3. 열역학의 법칙 (1) 기체의 내부 에너지 ① 기체가 하는 일 ② 내부 에너지 (2) 열역학 제1법칙 ① 에너지 보존 ② 기체의 비열 (3) 열역학 제2법칙 ① 열역학 제2법칙 ② 열효율 Ⅲ. 전자기 1. 전기장과 전류 (1) 전기장과 전위 ① 전하와 전기력 ② 전기력 ③ 전위 ④ 축전기 (2) 전 류 ① 전하의 흐름 ② 전기저항 ③ 전류가 하는 일 (3) 직류회로 ① 회르와 기전력 ② 기전력과 단자전압 ③ 저항기 회로 ④ 반도체 회로 2. 자기장과 전자기 유도 (1) 전류의 자기장 ① 자기장 ② 직선전류가 만드는 자기장 ③ 원형 전류가 만드는 자기장 (2) 전자기력 ① 자기장과 전류 ② 자기장과 운동전하 ③ 전자기력의 응용 (3) 전자기 유도 ① 전자기 유도 현상 ② 전자기 유도법칙 ③ 자체 유도와 상호 유도 교류 ◎ 고등학교 물리 Ⅱ Ⅰ. 힘과 운동 1. 운동의 기술 (1) 변위와 속도 ① 이동거리와 변위 ② 속력과 속도 ③ 속도의 합성과 분해 ④ 상대속도

북 한	남 한
제5장 전자요소와 전자회로 1. 2극 전자판 2. 3극 전자판 3. 반도체 2극 소자 4. 반도체 빛전지와 열전지 5. 반도체 3극 소자 6. 직접 회로 7. 발진의 원리 8. 라지오 송신의 원리 9. 라지오 수신의 원리 10. 전자선관 및 오씰그라프 11. 전파탐지 제6편 현대물리 초보 제1장 상대성 이론의 초보 1. 빛 속도 불변의 원리 2. 시간의 지연 3. 길이의 수축 4. 질량과 에네르기 사이의 관계 제2장 량자론의 초보 1. 빛전기 현상 2. 빛량자 3. 빛전기 현상의 리용 4. 원자의 모형 5. 원자에네르기위 불련속성 6. 수소원자의 스펙트르 7. 원자의 에네르기 준위 8. 수소원자의 반경 9. 전자의 파동성 10. 전자구름 11. 수소원자의 전자구름과 에네르기 준위 12. 원자의 구조 13. 원자에서 X선 복사 14. 형광 15. 텔레비죤의 원리 16. 레이자(빛량자 발진기) 제3장 원자핵 1. 핵 알갱이 2. 핵력과 결합 에네르기 3. 방사선 4. 방사성 원소의 붕괴 5. 방사선을 재는 방법 6. 핵 반응 7. 원자 에네르기의 리용 8. 방사성 동위 원소와 방사선의 리용 9. 핵무기와 그로부터 방어 10. 소립자	(2) 가속도 ① 가속도 ② 등가속도운동 (3) 지표면에서의 운동 ① 자유낙하운동 ② 연직으로 던진 물체의 운동 ③ 포물선 운동 2. 운동의 법칙 (1) 뉴턴의 운동 제1법칙 ① 힘의 작용과 평형 ② 힘의 종류 ③ 관성의 법칙 (2) 뉴턴의 운동 제2법칙 ① 힘과 가속도 ② 질량과 가속도 ③ 가속도의 법칙 ④ 뉴턴의 운동 제2법칙 응용 (3) 뉴턴의 운동 제3법칙 ① 힘의 특성 ② 작용 반작용의 법칙 (4) 만유인력의 법칙 ① 케플러의 법칙 ② 등속원운동 ③ 관성력 ④ 만유인력의 법칙 ⑤ 중력과 인공위성 3. 운동량의 보존 (1) 운동량과 충격량 ① 운동량 ② 충격량 (2) 운동량의 보존 법칙 ① 뉴턴의 운동법칙과 운동량 ② 운동량 보존의 법칙 ③ 충돌과 반발계수 Ⅳ.파동과 입자 1. 파동 (1) 파동의 전파 ① 파동의 종류 ② 파동의 속도 (2) 반사와 굴절 ① 반사의 법칙 ② 굴절법칙 (3) 간섭과 회절 ① 파동의 간섭 ② 파동의 회절 ③ 빛의 파동성 2. 빛과 물질의 이중성 (1) 빛의 입자성 ① 광전효과 ②광자의 운동 빛의 이중성 (2)물질의 파동성 ① 드브로이파 ② 물질의 이중성

북　한	남　한
~~	3. 원자와 원자핵 (1) 원자의 구조 ① 전자의 발견　② 원자핵의 발견 ③ 보어의 원자모형　④ 수소원자의 스펙트럼 (2) 원자핵의 구성과 변화 ① 원자핵의 구성입자　② 원자핵의 변환 (3) 원자핵 에너지 ① 질량과 에너지　② 핵에너지의 이용

2) 중등 화학교과서 내용 비교

북한의 고등중학교 화학의 교과목은 3학년에서 6학년까지 학습하고 있다. 북한의 화학교과서는 내용 면에서 우리의 중·고등학교에서 학습하는 내용과 거의 비슷하다. 일부의 교과내용에 있어서 한국의 중·고등학교에서는 학습을 하고 있으나 북한의 고등중학교에서는 학습을 하고 있지 않으며, 북한의 고등중학교에서는 학습을 하고 있으나 한국의 중·고등학교에서 전혀 학습하지 않는 내용은 없다.

북한의 화학교과서는 '물리적 성질과 변화'의 영역에서 '운동론'에 대한 내용이 전혀 없다. '화학적 성질'의 영역에서는 '원자 스팩트럼'의 내용이 전혀 없고 '원자, 이온, 분자' 영역에서는 '이온의 구조와 모형'이 없고 '몰'에 대한 내용이 또한 없다. '고분자 결정'의 영역에서는 '결정의 구조'가 없고 '원자의 구성입자'의 영역에서는 '전자, 양성자, 중성자'의 내용이 없다. '화학적 변화의 힘' 영역에서는 '분자간의 힘'의 내용이 없고 '에너지와 화학적 변화'의 영역에서는 '활성화 에너지'의 내용이 없다. '과학과 수학 기술의 상호 작용' 영역에서는 '수학, 기술이 과학에 미치는 영향', '과학이 수학 기술에 미치는 영향'의 내용이 없다. '과학기술과 사회의 상호 작용'의 영역에서는 '과학기술이 사회에 미치는 영양'의 내용이 없다. '과학의 역사' 영역에서는 영역자체가 없고 '과학과 관련된 환경자원 문제'의 영역에서는 '오염'의 내용이 없고 '물질과 에너지 자원의 보존' 내용이 없다.

북한의 교과서를 중심으로 한 학습의 비율이 거의 비슷한 비율이나 '유기, 생화학적 반응'의 경우 북한교과서에 나타난 비율이 26%인 데 비하여 한국의 경우 9.1%로 북한이 남한보다 월등히 높은 비율로 나타나고 있다.

이는 북한의 화학교과서의 특징 중의 하나라고 할 수 있는데 이는 유기화합물의 종류 및 반응과 관련된 내용의 비율이 매우 높아 각론적인 내용을 중요시하고 있다고 판단된다.

'화학적 변화의 정의와 유형'의 영역에서는 북한이 20.9%의 비율을 나타내고 있어 우리의 자연계열 과정에서의 15.5%보다 월등히 높게 나타나고 있다. 이는 북한의 학습내용이 '수용액에서의 이온의 거동과 산화환원' 등의 내용이 상대적으로 높기 때문인 것으로 나타났다. 이와 같이 북한의 교과서는 물질 위주의 기술방식을 보이고 있다.

특히 '분자간의 힘'에 관련하여 북한의 교과서에는 전혀 학습하지 않는 것으로 나타났다. 중등 화학교과서 단원 비교는 〈표-14〉와 같다.

〈표-14〉 남북한 중등 화학교과서 단원 비교

북 한	남 한
◎ 고등중학교 3학년 화학	◎ 중학교 1학년 과학(화학)
Ⅰ. 물질의 변화	Ⅲ. 물질의 특성고- 분리
1. 물에는 여러 가지 물질이 용해된다.	1. 물질의 특성
1-1 수용액은 여러 가지 성질을 가지고 있다	(1) 물질에는 어떤 공통된 성질이 있을까?
1-2 고체는 물에 어떻게 용해되는가	① 온도에 따른 상태변화
1-3 고체는 물에 얼마만큼 용해되는가	② 질량과 부피의 측정
1-4 퍼센트 용액	③ 상태변화에 따른 부피와 질량
2. 물질에는 어떤 성질이 있는가	(2) 물질의 특성에는 어떤 것들이 있을까?
2-1 물질의 성질을 어떻게 알아내는가	① 물질의 겉보기 성질
2-2 혼합물에서 매개 물질은 그 성질이 달라지는가	② 밀도
2-3 혼합물에서 성분물질들을 어떻게 갈라지는가	③ 녹는점과 어는점
3. 물질은 변화한다	④ 끓는점
3-1 물리변화란 무엇인가	⑤ 용해도
3-2 화학변화란 무엇인가	2. 혼합물의 분리
3-3 화학변화가 일어날 때 어떤 현상이 나타나는가	(1) 밀도의 차를 이용하여 혼합물을 분리할수 있을까
3-4 화학은 무엇을 연구하는가	① 밀도의 차에 의한 고체 혼합물의 분리
Ⅱ. 화학반응	② 서로 섞이지 않은 액체 혼합물의 분리
1. 분해와 화합 2. 원자와 분자의 모형	(2) 끓는점의 차를 이용하여 혼합물을 분리 할 수 있을까
3. 화학원소	(3) 용해도의 차를 이용하여 혼합물을 분리 할수 있을까
3-1 화학원소란 무엇인가	① 거름에 의한 분리
3-2 원소기호	② 용해도의 차에 의한 분리
3-3 단순물과 화합물	③ 기체 혼합물의 분리
3-4 자연계의 원소	④ 수용액에서의 기체분리
Ⅲ. 화학식, 화학반응식	(4) 복잡한 혼합물은 어떻게 분리하면 좋을까?
1. 화학식 2. 화학반응식 3. 질량보존의 법칙	
Ⅳ. 산소, 수소	◎ 중학교 2학년 과학(화학)
1. 산소 2. 산화반응	Ⅰ. 물질의 구성
3. 수소 4. 환원반응	1. 화합물과 원소
Ⅴ. 산의 성질	(1) 한 물질이 그으- 성질이 다른 물질로 변할 수 있을까
1. 산과 염기의 성질 2. 염기의 성질	① 연소
3. 산과 염기와의 반응 4. 산 및 염과 금속과의 반응	② 혼합물과 화합둘
〈실험〉	③ 화합물의 분해
1. 5%소금용액 100 g 만들기 2. 막소금에서 깨끗한 소금의 갈라내기 3. 산소의 만들기와 성질	④ 화학 변화와 질량
	(2) 화합물의 성분 물질은 어디까지 나눌 수 있을까?
	① 물질관의 변화 1
	② 원소와 원소기호
	③ 원소의 탐구
	2. 물질을 구성하는 온자와 분자
	(1) 물질을 이루는 기본 입자는 무엇일까?
	① 물질관의 변화 2
	② 원자모형

북 한	남 한
◎ 고등중학교 4학년 화학	③ 원자의 모형과 화합물의 성분비
	(2) 원자들이 결합하여 이루는 입자는 무엇일까?
I. 원자구조, 멘델레예브의 원소주기표	① 분자모형
1. 원자구조	② 분자의 크기와 질량
1-1 원자번호	③ 분자식과 화학 반응식
1-2 원자에서 전자의 에네르기	④ 분자 운동
1-3 원자에서 전자의 배치	
2. 알카리 금속	◎ 중학교 3학년 과학(화학)
2-1 나트리움	
2-2 알카리금속 원소	II. 물질의 반응
3. 할로겐	1. 전해질고 이온
3-1 염소	(1) 전해질과 비전해질
3-2 할로겐 원소	① 전해질과 비전해질
4. 드문가스	② 전해질의 수용액과 전류
5. 멘델레예브의 원소주기표	(2) 이온
5-1 멘델레예브의 주기법칙	① 이온의 형성과 종류
5-2 멘델레예브의 원소주기표	② 전해질의 이온화와 전류
II. 화학결합	(3) 이온의 반응과 검출
1. 이온결합	2. 산과 연기
1-1 이온의 형성	(1) 산
1-2 이온결합과 이온결정	① 산의 성질
2. 공유결합	② 수소이온과 산
2-1 공유결합의 형성	③ 산의 종류
2-2 원자결정과 분자결정	(2) 염기
2-3 극성분자와 무극성분자	① 염기의 성질
2-4 전기음성도	② 수산화 이온과 염기의 성질
3. 금속결합	③ 염기의 종류
4. 산화수	(3) 중화반응
4-1 산화수란 무엇인가	① 중화반응
4-2 산화수의 결정	② 지시약
4-3 산화수에 의한 화학식 세우기	③ 중화열
III. 원소의 성질	④ 산성토양의 중화
1. 멘델레예브의 원소주기표에서 원소의 성	⑤ 염
질변화	3. 산화와 환원
1-1 주기에서 원소의 성질변화	(1) 산 화
1-2 족에서 성질변화	(2) 환 원
2. 마그네시움	(3) 전자의 이동과 산화 환원반응
2-1 마그네시움의 성질변화	① 금속과 산의 반응에서 전자의 이동
2-2 흙알카리금속 원소	② 금속과 염의 반응에서 전자의 이동
3. 알루미니움	(4) 화학 전지
4. 류황	
4-1 류황의 단순물	◎ 고등학교 공통과학(화학)
4-2 산소족 원소	
5. 질소와 린	II. 물 질
5-1 질소	1. 물질의 반응성
5-2 린	2. 공통성을 가지는 원소
5-3 질소족원소	3. 발열반응과 흡열반응
	4. 반응속도에 영향을 끼치는 요인

북 한	남 한
6. 탄소 　6-1 탄소의 단순물 　6-2 탄소족 원소 Ⅳ. 화학량 1. 화학량, 화학식량 　1-1 원자량 　1-2 화학식량 2. 물질량 　2-1 물질량과 그 단위 　2-2 물질량 　2-3 아보가드로법칙, 기체의 물체적 3. 몰농도 4. 화학식과 화학반응에 의한 계산 　4-1 화학식에 의한 계산 　4-2 화학반응식에 의한 계산 Ⅴ. 화학반응과 열 1. 물질의 변화와 에네르기 　1-1 모임상태의 변화와 에네르기 　1-2 화학변화와 에네르기 　1-3 물질의 생성열 2. 반응열 계산 3. 카바이드 〈실험〉 1. 염화수소와 염산의 만들기와 성질 2. 할로겐의 성질 3. 마그네시움의 성질 4. 암모니아의 만들기와 성질 5. 수산화나트리움용액 250㎖ 만들기 ◎ 고등중학교 5학년 화학 Ⅰ. 산화물 1. 염기성 산화물 　1-1 산화칼시움 　1-2 산화마그네시움 　1-3 염기성 산화물의 성질 2. 산성산화물 　2-1 이산화탄소와 이산화탄소 　2-2 산화질소와 이산화질소 　2-3 이산화류황 　2-4 산성산화물의 성질 3. 원소주기표에서 산화물들의 성질변화 Ⅱ. 화학반응속도, 화학평형 1. 화학반응속도 　1-1 화학반응속도	◎ 고등학교 화학 Ⅰ Ⅰ. 물질 세계의 규칙성 1. 물질의 구성과 화학식 　(1) 물질의 성분 원소 　　① 물질의 분류 　　② 동소체 　　③ 순물질의 분리 　(2) 물질의 구성 입자 　　① 원 자 　　② 원자의 구성 입자 　　③ 질량수와 동위원소 　　④ 분자 　　⑤ 이온 　(3) 원자모형 　(4) 화학식 　　① 원소기호 　　② 화학식 　(5) 원자량과 분자량 　　① 원자량 　　② 분자량 　(6) 화학반응식 　　① 화학반응식 　　② 화학반응에서의 양적 관계 2. 주기율과 화학결합 　(1) 원자의 전자배치 　　① 전자껍질 　　② 몇 가지 원자의 전자배치 　(2) 주기율과 주기율표 　　① 주기율표 　　② 전자배치와 주기율 　(3) 원소의 주기적 성질 　　① 원자 반지름 　　② 이온화 에너지 　(4) 이온 결합 　　① 이온결합의 형성 　　② 이온성 물질으 성질 　(5) 공유결합 　　① 공유결합의 형성 　　② 분자성 물질의 성질 　　③ 결합의 극성 　　④ 공유결합과 분자의 모양 Ⅱ. 주변의 화합물 1. 주변의 무기화합물 　(1) 물 　　① 물의 구성 성분과 각 성분의 성질 　　② 물의 성질

북 한	남 한
V. 탄화수소 1. 전자구름 2. 포화탄화수소 　2-1 메탄 　2-2 메탄동족렬 　2-3 이성현상 　2-4 포화탄화수소의 성질, 용도 3. 불포화탄화수소 　3-1 에틸렌 　3-2 에틸렌동족렬 　3-3 아세틸렌 　3-4 부타디엔 4. 방향족탄화수소 　4-1 벤졸 　4-2 벤졸동족렬 　4-3 석탄 　4-4 원유 〈실험〉 1. 서로다른 온도에서의 반응속도의 비교 2. 농도가 변할 때 화학평형 이동 3. 이온교환반응이 일어나는 조건 4. 수산화나트리움용액의 규정농도 알아내기 5. 류산의 성질 6. SO_4 와 CO_3 의 검출 7. 몇가지 화학비료의 검출 8. 메탄의 만들기와 성질 9. 에틸렌의 만들기와 성질 10. 아세틸렌의 만들기와 성질 11. 벤졸동족체의 산화 ◎ 고등중학교 6학년 화학 I.탄화수소의 유도체 1. 알콜, 페놀 　1-1 메틸알콜과 에틸알콜 　1-2 알콜 　1-3 글리세린 　1-4 페놀 　1-5 농약 2. 알데히드, 케톤 　2-1 알데히드 　2-2 아세톤 3. 카르본산과 그유도체 　3-1 초산　　　3-2 카르본산 　3-3 탄화수소, 알콜, 알데히드, 카르본산 사이 　　　의 관계	◎ 고등학교 화학 II I. 물질의 과학 1. 물질을 구성 입자 　(1) 물질의 세계 　　① 물결의 성질과 그 변화 　　② 물질의 분류 　(2) 물질의 구성 입자 　　① 원자 　　② 분자 　　③ 이온 2. 화학식과 화학식량 　(1) 화학식 　　① 화학식의 종류 　　② 무기화합물의 명명법 　(2) 화학식량 　　① 원자량 　　② 분자량 　　③ 그 밖의 화학식량 　(3) 몰 　　① 몰 　　② 몰과 화학식량 　　③ 몰과 기체의 부피 3. 화학반응식 　(1) 화학반응의 종류 　　① 화합 　　② 분해 　　③ 치환 　　④ 복분하 　(2) 화학반응식 　　① 화학반응식을 만드는 법 　　② 화학반응식이 아타내는 뜻 　　③ 화학반응에서의 양적 관계 II. 원자구조와 주기율 1. 원자구조 　(1) 원자의 구성 　　① 전자의 발견　원자핵 모형 　　② 질량수와 동위 원소 　(2) 원자모형과 원자오비탈 　　① 보어의 원자 모형 　　② 원자오비탈 　　③ 원자오비탈의 입체모양 　(3) 원자의 전자계질서 　　① 원자 오비탈의 에너지준위 　　② 원자의 전자배치 2. 주기율과 주기율표 　(1) 주기율과 주기율표

북 한	남 한
3-4 에스테르, 기름 4. 방향족니트로 화합물, 아닐린 4-1 방향족니트로 화합물 4-2 아닐린 4-3 폭발물, 독해물 4-4 유기화합물의 분류 Ⅱ. 산화 환원 반응 1. 산화와 환원 2. 산화제의 세기 3. 환원제의 세기 4. 선철 만들기 5. 강철 만들기 6. 동 만들기 7. 합금, 순금속 Ⅲ. 화학반응과 전류 1. 화학전지 1-1 동아연 전기 1-2 건전지 1-3 연료전지 1-4 축전지 2. 금속의 부식과 부식방지 3. 전기분해 3-1 전기분해 원리 3-2 파라데이 법칙 4. 전기분해의 이용 4-1 소금물의 전기분해 4-2 전기도금, 전해정련 4-3 아연 만들기 4-4 알루미니움 만들기 Ⅳ. 고분자 화합물 1. 포도당, 과말 2. 사탕, 길금당 3. 농마 4. 섬유소 5. 아미노산 6. 단백질 7. 합성섬유8. 합성수지 9. 천연노무와 합성고무 10. 교질용액, 분자화합물용액 〈실험〉 1. 페놀의 니트로화 2. 은거울반응 3. 알데히드와 수산화동의 반응 4. 나무의 건류 5. 비누 만들기 6. 금속의 활성차례 7. 철과 그 화합물 8. 동과 그 화합물 9. 류산동 결정속의 결정수량 결정 10. 전지 만들기 11. 소금물의 전기분해 12. 니켈도금 13. 알루미니움의 양극산화 14. 농마의 성질 15. 페놀-프롬 알데히드 수지 만들기	① 원소의 주기율 ② 원소의 주기율과 전자배치와의 관계 ③ 주기율표의 특징과 유용성 (2) 원소의 주기적 성질 ① 원자의 반지름 ② 이온화 에너지 ③ 전자 친화도 ④ 제2주기 및 제3주기 원소의주기적 성질 3. 원소와 화합물 (1) 알카리 금속과 그 화합물 (2) 할로겐 원소와 그 화합물 (3) 전이원소 Ⅲ. 화학결합과 화합물 1. 화학결합의 종류 (1) 이온결합 (2) 공유결합 (3) 금속결합 2. 공유결합과 분자 (1) 결합의 극성 (2) 분자의 모양 3. 분자간의 힘 (1) 수소결합 (2) 분산력 (3) 쌍극자 사이의 힘 4. 탄소 화합물 (1) 탄소화합물의 특징 (2) 지방족 탄소화합물 (3) 방향족 탄소화합물 (4) 고분자화합물 Ⅳ. 물질의 상태와 용액 1. 기체, 액체, 고체 (1) 기체, (2) 액체, (3) 고체, (4) 상평형 2. 용액 (1) 용 해 (2) 용액의 농도 (3) 묽은 용액의 성질 (4) 콜로이드 용액 Ⅴ. 화학반응 1. 화학반응과 에너지 변화 (1) 반응열 (2) 반응속도 2.화학 평형 (1) 평형상태 (2) 화학평형의 이동 3. 산과 염기의 반응 (1) 산과 염기 (2) pH와 중화 적정 (3) 염 4. 산화와 환원반응 (1) 산화 환원과 그 반응식 (2) 화학전지 (3) 전기분해

3) 중등 생물교과서 내용 비교

북한의 고등중학교 생물 교과목의 학습은 2학년에서 6학년까지 학습하는 것으로 되어 있다. 생물 분야에서 학습하는 내용을 TIMSS의 분석틀에 준거하여 보면 '다양성, 조직, 생물체의 구조' 영역에서는 남한의 인문계열 24.2%와 자연계열 28.3%를 학습하는 것에 비하여 북한의 경우는 53.7%로 생물 분야에서 거의 절반 이상을 차지하고 있다. 여기에서 주목할 만한 내용으로 북한은 동물의 조직, 생명의 특성이라는 내용은 전혀 다루지 않고 있다. 또한 학습의 비율은 동물 (35.5%), 기관·조직(34.1%), 식물(17.4%)을 학습하는 반면 우리의 인문계열에서는 기관·조직(40.2%), 동물(28.3%), 식물(17.7%), 세포(13.4%)의 순이고 자연계열에서는 기관·조직(30.3%), 동물 (28.6%), 식물(18.4%), 세포(17.4%)의 순으로 학습을 하고 있다.

'생물 기능을 가능하게 하는 생물작용과 조직체' 영역에서는 북한이 17%로 우리의 인문계열 20.4%, 자연계열 22.8%와 약간 적으나 세포의 '생화학 작용'에서는 남한의 경우보다 많은 비중을 차지하고 있다. '생명나선, 발생의 연속성' 영역에서는 북한이 20.6%로 우리의 인문계열 20.9%, 자연계열 27.5%로 우리와 비슷하나 북한에서는 세포의 분화, 사람의 발생, 집단유전, 사람의 유전, 유전자 개념, 핵산의 개념, 유전공학 등은 전혀 다루지 않고 있다. '생물의 상호 작용' 영역에서는 북한이 4.2%로 우리의 인문계열이 11.2%, 자연계열이 9.7%에 비하여 차이가 크며 북한의 학습내용에서 동물의 운동과 천이계열은 전혀 다루지 않고 있다. '인간 생

물학과 건강' 영역에서는 북한이 0.5%인 반면 우리의 인문계열에
서 7.1%, 자연계열에서 3.1%의 내용으로 학습을 하고 있으며 또
한 북한 고등중학교의 경우 질병에 대한 원인과 예방에 대한 학습
이 전혀 다루어지지 않고 있다.

<표-15> 남북한 중등 생물교과서 단원 비교

북 한	남 한
◎ 고등중학교 2학년 생물 제1장 씨앗식물 1. 겉씨 식물 2. 속씨 식물 제2장 척추동물 1. 물고기 2. 개구리 3. 뱀과 거부기 4. 새 5. 젖먹이동물 ◎고등중학교 3학년 생물 제1장 현미경과 세포 1. 현미경과 실험기구 2. 세포 제2장 1. 세균 2. 비루스 제3장 1. 진균 2. 마름 3. 땅밥과 이끼 4. 쇠뜨기와 고사리 제4장 무척추 동물 1. 파라메시움 2. 히드라 3. 촌백충 4. 회충 5. 지렁이 6. 조개와 낙지 7.게 8. 거미 9. 곤충 10. 삼발이 제5장 생물의 분류 1. 생물의 분류방법 2. 식물계의 분류 3. 동물계의 분류 4. 채집과 표본 만들기 ◎ 고등중학교 5학년 생물 제1장 세포 1. 세포의 발견과 세포설 2. 세포를 이루는 물질 3. 세포의 구조 4. 세포에서 물질나르기 5. 세포분열 제2장 생식과 발생 1. 생식 2. 발생 3. 생활고리	◎ 중학교 1학년 과학(생물) Ⅱ. 주변의 생물 1. 생물의 구조와 생활양식 (1) 생물의 구조를 자세히 관찰하려면 어떻게 하 면 좋을까? (2) 식물의 구조는 살아가기에 알맞게 되어있을까? (3) 동물의 구조는 살아가기에 알맞게 되어있을까? 2. 식물의 분류 (1) 식물은 무엇으로 분류하는가? (2) 식물들 사이에는 어떤 유연관계가 있을까? 3. 동물의 분류 (1) 동물은 무엇을 기준으로 분류하는가? (2) 동물들 사이에는 어떤 유연관계가 있을까? ◎ 중학교 2학년 과학(생물) Ⅱ. 생물의 구조와 기능 1. 식물의 구조와 기능 (1) 식물세포의 구조 (2) 식물의 영양기관의 구조 2. 동물의 구조와 기능 (1) 영양소는 어떻게 소화되어 흡수 될까? (2) 혈액은 물질을 어떻게 움직일까? (3) 호흡을 통한 가스교환은 어떻게 이루어질까? (4) 몸에서 생긴 노폐물은 어떻게 배설될까? (5) 우리 몸은 자극을 어떻게 받아들일까? (6) 자극은 어떻게 전달되어 반응이 일어날까? 3. 건강 (1) 건강한 삶을 위해 필요한 것은 무엇일까? (2) 우리 몸은 어떤 경우에 건강을 잃게 될까? ◎ 중학교 3학년 과학(생물) Ⅲ. 유전과 진화 1. 세포분열 (1) 체세포 분열 (2) 염색체 (3) 감수분열

북 한	남 한
제3장 유전과 변이 1. 형질과 유전자 2. 유전의 기초법칙(멘델의 법칙) 3. 련쇄유 4. 성유전 5. 유전자의 서로작용 6. 변이 7. 육종 제4장 생명의 기원과 생물의 진화 1. 생명의 기원 2. 생물의 진화 3. 생물의 계통 4. 사람의 기원 ◎ 고등중학교 6학년 생물 제5장 물질대사와 에네르기 대사 1. 생물체를 이루는 주요 물질 2. 효소와 높은 에네르기 결합화합물 3. 생물의 영향 4. 숨쉬기 제6장 한결 상태의 유지와 조절 1. 몸 안 환경과 체액의 한결 상태 2. 신경계통에 의한 조절 3. 호르몬에 의한 조절 4. 한결상태를 유지하는 물림새 5. 동물의 반응과 행동 6. 식물에서의 한결성과 조절 제7장 생태계 1. 생태계의 구성 2. 생태계의 구성 3. 개체군 4. 생물군집 5. 물질순환과 에네르기 흐름 6. 생태계의 리용과 자연보호	2. 생식과 발생 (1) 생식방법 (2) 동물의 발생 (3) 생물의 생장 3. 유전의 법칙과 진화 (1) 멘델의 유전법칙 (2) 중간 유전 (3) 변이 (4) 사람의 유전 (5) 진화 ◎ 고등학교 공통과학(생물) 1. 연양과 건강 2. 자극과 반응 3. 생식 4. 유전 ◎ 고등학고 생물 Ⅰ Ⅰ. 생물의 특성 1. 생물과 무생물 2. 세포의 구조와 기능 3.생물체 의 유기적 구성 Ⅱ. 인체의 이해 1. 에너지의 획득과 이용 2. 항상성의 유지 3. 행동 4. 생명의 연속성 5. 진화 6. 질병과 건강 Ⅲ. 환경과 인간 1. 생물권과 환경요소 2. 환경오염 3. 인간과 자연 Ⅳ. 생물학과 인간 1. 생물학의 중요한 발견이 인류에 미친 영향 2. 현대의 생물학과 인간의 미래 ◎ 고등학교 생물 Ⅱ Ⅰ. 생물의 특성 1. 생명의 탐구 2. 생명의 특성 3. 세포의 구조와 기능 4. 생물체의 유기적 구성 5. 핵과 세포질의 성분과 특성 6. 효소 Ⅱ. 물질대사 1. 광합성 2.소화 3.순환 4. 호흡과 에너지 5. 배설 Ⅲ. 생물의 항상성 1. 자극과 반응 2. 호르몬 3. 항상성의 유지 4. 운동과 행동 Ⅳ. 생명의 연속성 1. 세포분열 2. 생식과 발생 3. 유전의 법칙 4. 유전자와 형질 발현 5. 생명의 기원과 진화 Ⅴ. 생물의 다양성 1. 분류의 개요 2. 분류의 실제 Ⅵ. 생물과 환경 1. 생태계의 구성 2. 물질의 순환과 에너지의 흐름 3. 생태계의 평형 4. 환경오염 5. 인간과 자연

4) 중등 지구과학 및 천문학교과서 내용 비교

북한의 고등중학교 지구과학은 지리의 교과목에 사회지리와 지구과학을 포함하여 학습하고 있으며 또한 지구과학에 관련된 과목으로 천문학을 별도의 교과목으로 학습하고 있다.

북한의 지리과목에서 지구과학에 해당되는 교과목은 고등중학교 1학년, 2학년, 5학년에서 대부분 학습하고 있으며 2학년의 일부에서 부분적으로 다루고 있고 3학년은 국내지리, 4학년은 세계지리를 학습하고 있어 남한의 사회지리에 해당하는 교과목을 학습하고 있다. 북한의 지구과학에 대한 학습은 우리의 지구과학을 중학과학에서 3단위, 공통과학에서 1단위, 인문계열에서 2단위를 학습하고 자연계열에서 4단위를 학습하는 것과 비교하여 북한의 12단위의 학습은 우리의 인문계열 6단위 자연계열 8단위와 비교하여 많은 양의 학습을 하고 있으나 사회지리에 해당하는 북한의 고등중학교 3학년과, 4학년의 학습량을 제외하면 우리의 자연계열 학습량과 비슷하다. 그러나 북한의 지구과학 학습은 고등중학교의 전 학생이 필수과목으로 학습하고 있어 우리의 경우 선택과목에 해당하는 지구과학을 선택하지 않을 경우 4단위가 인문계열 지구과학을 선택하는 학생들과는 2단위를 더 학습하여 사실상 지구과학의 학습은 우리의 것과 비교하여 많은 량을 학습하고 있다고 할 수 있다.

북한은 지리교과목을 하나의 체제유지를 위한 교과목으로 학습하고 있는 듯 하다. 이들은 지리의 교과목을 '지리학은 조선 혁명을 위하여 반드시 필요한 과학의 하나입니다.'라고 서두에 언급하고 있어 이들의 교육의 목표는 공산주의 혁명가를 양성하는 데 있다고 해석할 수 있다.

남한의 경우 지구과학 학습영역은 지질 및 지구물리학, 기상학, 해양학, 천문학, 환경과 자연 등으로 이루어져 있다. 반면 북한의 경우 우리의 것과 비슷하나 천문학의 영역에서는 별도의 천문학의 교과목에서 태양과 태양계, 별과 우주, 천문관측의 기초지식과 관찰에 대하여 학습하고 있으며 환경에 관련된 내용은 5학년의 '환경 보호' 영역에서 '오염, 땅과 물 및 해양자원의 보존'에 대한 학습내용이 있어 북한에서도 환경에 대한 문제가 대두되고 있음을 나타나고 있다. 북한의 지구과학 교육은 TIMSS의 분석틀에 준거하여 보면 '지구의 모양' 영역에서는 북한이 49.1%인 반면 우리의 인문계열에서는 28.8%, 자연계열에서는 30.2%이고 '지구의 변화과정' 영역에서는 북한이 38.2%인 반면 우리의 인문계열에서는 34.9%, 자연계열에서는 29.1%이다. '우주에서의 지구' 영역에서는 북한이 7.0%인 반면 우리의 인문계열에서는 29.7%, 자연계열이 33.5%로 북한이 태양계에서 태양계 행성, 태양계 밖의 천체, 우주의 진화 등을 다루고 있지 않기 때문이다.

북한의 천문학은 우리의 지구과학 범위에 포함되는 내용으로 북한의 고등중학교 6학년에서 지리교과목을 학습하지 않는 반면 천문학의 교과목을 학습하고 있다.

천문학의 내용은 남한에서 지구과학의 '우주에서의 지구' 영역에

포함되는 내용으로 '태양과 태양계', '별과 우주', '천문관측의 기초
지식과 관찰' 등을 학습하고 있으나 이는 소영역의 '태양계에서의
지구'에서 '좌표계'와 '시간법'에 대한 내용의 언급이 전혀 없고 '태
양계 행성' 소영역에서는 '행성의 운동', '행성의 종류와 특징', '태
양계 천체', '태양계의 특징 및 기원'에 대하여 학습하지 않고 있으
며 '태양계 밖의 천체' 소영역에서는 '별의 에너지원', '별의 거리'
등에 대한 내용이 없어 한국의 지구과학에서 학습하는 내용과 비
교하여 내용이 현저히 뒤떨어진다고 할 수 있다. 또한 '우주의 진
화' 소영역에서 우주론에 대하여 언급을 하고 있을 뿐 '은하분포와
팽창우주'에 대하여는 내용이 없어 북한의 천문학이 별도의 교과
목으로 학습은 하고 있으나 남한의 지구과학의 내용에 크게 미치
지 못하고 있는 실정이다.

〈표-16〉 남북한 중등 지구과학 교과서 단원 비교

북 한	남 한
◎ 고등중학교 1학년 지리(지학) 제1장 우리가사는 지구와 지도 　1. 지구의 모양과 크기 　2. 지구는 어떻게 도는가 　3. 지구의 　4. 지도 제2장 지형 　1. 산지 　2. 벌 제3장 날씨와 변화 　1. 해비침과 기온 　2. 공기의 흐름과 바람 　3. 그름과 비 　4. 날씨와 그 변화 제4장 호수 　1. 강 　2. 호수 　3. 지하수 제5장 바다 　1. 해안선 　2. 바다밑 지형 　3. 바닷물의 맛 　4. 바닷물의 운동 ◎ 고등중학교 2학년 지리(지학) 제1장 우리나라의 지리적 위치와 령토의 크 　　기, 행정구역 　1. 우리나라의 지리적위치 　2. 령토의 크기와 인구　3. 행정구역 제2장 우리나라의 지하자원 　1. 지하자원이 풍부한나라　2. 주요지하자원 　3. 광물과 암석 알아보기 제3장 우리나리의 지형 　1. 산이 많은 나라　2. 주요 산줄기 　3. 고원과 분지　4. 벌 제4장 우리나라의 바다 　1. 바다로 둘러쌓인 해양국 　2. 조선동해　3. 조선서해　4. 조선남해 제5장 우리나라의 기후 　1. 사람의 생활과 활동에 좋은 기후 　2. 계절과 기후　3. 기후의 지역적 차이	◎중학교 1학년 과학(지구과학) Ⅰ. 지각의 물질과 변화 1. 지각의 물질 　(1) 암석을 이룬 알갱이는 어떠한 성질을 가지고 　　있을까? 　(2) 암석은 어떻게 만들어 지며 어떠한 특징을 　　가졌을까? 2. 지표의 변화와 지각 변동 　(1) 지표는 어떻게 평탄화 되어 가는 것일까? 　(2) 지표는 지각변동으로 어떻게 변할까? 　(3) 대륙은 이동하고 있을까? 3. 과거의 환경과 생물 　(1) 과거의 환경과 생물은 어떻게 알 수 있을까? 　(2) 지질시대의 환경은 어떠하였으며 어떤 생물 　　이 살았을까? ◎ 중학교 2학년 과학(지구과학) Ⅲ. 대기와 물의 순환 1. 태양열과 지구의 열평형 　(1) 지구에는 얼마만큼 태양열이 어떻게 도달할까? 　(2) 기온은 어떻게 변할까? 　(3) 지구는 어떻게 열평형을 이룰까? 2. 대기와 해수의 운동 　(1) 대기는 어떻게 되어 있을까? 　(2) 대기는 어떻게 운동할까? 　(3) 해수는 어떻게 순환하고 있을까? 3. 물의 순환과 일기 변화 　(1) 대기 중의 수증기는 어떠한 경우 물방울로 　　될까? 　(2) 구름과 비는 어떻게 만들어 질까? 　(3) 일기 는 어떻게 변할까? ◎ 고등학교 공통과학 Ⅳ. 지구 1. 지각의 물질과 지각변동 2. 지질연대　3.해양 4. 일기와 기후 5. 태양계 탐사와 별 ◎ 고등학교 지구과학 Ⅰ Ⅰ. 지각의 물질과 변화 1. 지각의 물질 　(1) 광물 (2) 암석 2. 지표의 변화 　(1) 풍화 (2) 침식, 운반, 퇴적작용

북 한	남 한
제6장 우리나라의 강과 호수, 지하수 1. 강 하천 2. 호수 3. 지하수 제7장 우리나라 동식물의 분포와 자연보호구 1. 우리나라 동식물의 풍부성 2. 식물분포 3. 동물분포 4. 자연보호구 ◎ 고등중학교 5학년 지리(지학) 제1장 지구의 성층구조와 운동 1. 지구의 형태와 크기 2. 지구의 성층구조 3. 지구의 운동 제2장 대기와 바다 1. 대기온도 2. 대기의 운동 3. 대기강수 4. 날씨와 기후 5. 바다 제3장 지구표면의 변화 1. 내인작용에 의한 지표면의 변화 2. 외인작용에 의한 지표면의 변화 3. 지층과 지질시대 제4장 지구상의 생물과 토양 1. 생물과 지리적 환경 2. 토양과 그 분포 제5장 환경보호 1. 자연의 정화작용과 환경오염 2. 대기오염과 보호 3. 물오염과 보호 4. 토양오염과 보호 제6장 지도 1. 지리자리표 2. 측량기준표 3. 지도투영과 경위망의 형성 4. 지형도 제7장 우리나라의 경제배치 1. 생산과 주민 2. 관업과 생산공업의 배치 3. 전력공업배치 4. 금속공업배치 5. 기계공업배치 6. 전자, 자동화 공업배치 7. 화학공업배치 8. 건재공업배치 9. 경공업배치 10. 수산업배치	3. 지각변동 (1) 화산과 지진 (2) 지질구조 (3) 조륙운동과 조산운동 (4) 판 구조론 Ⅲ. 대기와 해양 1. 대기 중의 물 (1) 대기 중의 수증기 (2) 단열변화 (3) 그름과 강수 2. 날씨와 기후 (1) 기압 (2) 바람 (3) 기단과 전선 (4) 기압과 날씨 (5) 기후 3. 해양과 해류 (1) 해양의 분포와 해저 지형 (2) 해수의 성분과 성질 (3) 해류 Ⅳ. 지구의 과거와 미래 1. 지질시대 (1) 지구의 기원 (2) 지층과 화석 (3) 지질연대 (4) 지질시대 2. 지질시대의 환경과 생물 (1) 지질시대의 환경 (2) 지질시대의 생물 (3) 우리나라의 지질 ◎ 고등학교 지구과학 Ⅱ Ⅰ.우리의 지구 1. 지구의 탐구 2. 지구의 구조 3. 지구의 에너지 4. 지구의 운동 Ⅱ. 지각의 물질과 변화 1. 지각의 물질 2. 지표의 변화와 지각운동 3. 움직이는 대륙과 해저 Ⅲ. 지구의 역사 1. 지질시대 2. 지질시대의 환경과 생물 3. 우리나라의 지질 Ⅳ. 대기의 순환과 일기의 변화 1. 대기 중의 물의 변화 2. 대기의 순환 3. 일기의 변화 Ⅴ. 해양과 해수 1. 해양과 해수의 성질 2. 해수의 순환 Ⅷ. 환경과 자원 1. 지구의 환경

〈표-17〉 남북한 중등 천문학고과서 단원 비교

북 한	남 한
11. 농업배치 12. 운수배치 ◎ 고등중학교 6학년 천문학 제1장 태양과 태양계 1. 태양 2. 태양의 가족들과 그 운동 3. 지구의 자연위성- 달 4. 일식과 월식 5. 태양계의 행성들 제2장 우주 1. 별의 물리적 성질 2. 왕별과 잔별 3. 이중별, 변광별, 새별 4. 우리 은하계와 다른 은하계 5. 우주의 진화 제3장 천문지식의 기초지식과 관찰 1. 천구 2. 별자리 관측 3. 시간과 그의 체계 4. 력서	2. 지구의 자원 ◎중학교 3학년 과학(지구과학) Ⅳ. 지구와 우주 1. 지구와 달 (1) 지구와 달과 태양의 크기 (2) 지구의 운동 (3) 달의 운동 2. 태양계 (1) 행성의 운동 (2) 태양계의 구성과 탐사 3. 별과 우주 (1) 별 (2) 은하와 우주 ◎고등학고 지구과학 Ⅰ Ⅲ. 우주 1. 태양계 (1) 태양계의 특성 (2) 태양계 탐사 2. 별 (1) 별의 거리와 밝기 (2) 별의 종류 (3) 별의 물리적 특성 (4) 별의 일생 3. 은하와 우주 (1) 우리 은하 (2) 외부 은하와 우주 ◎고등학교 지구과학 Ⅱ Ⅳ. 태양계 1. 태양계 (1) 태양계의 구성과 기원 (2) 행성의 운동 (3) 행성과 위성 2. 태양 (1) 태양의 구조 (2) 태양의 기본 물리량 Ⅴ. 별과 우주 1. 별의 물리량 특성 (1) 별의 물리량 (2) 별의 특성 2. 별의 진화와 성단 (1) 별의 내부구조와 에너지원 (2) 별의 진화 (3) 변광성과 쌍성 (4)성당과 성운 3. 은하와 우즈 (1) 우리은하 (2) 외부은하 (3) 우즈의 진화

(3) 고등전문학교 과학기술 교육내용

　북한은 고등중학교 교육을 마치고 입학하게 되는 고등전문학교의 교과내용은 일반과목이 전체의 31% 기술과목이 43% 생산실습이 26%로 되어 있는데 여기서 주목할 만한 것은 기술과목이 전체의 43%나 되고 생산 실습이 26%로 되어 있다.[33] 북한은 소위 기능공의 수준인 중등전문가 양성의 목적으로 기술과정에 69%를 배당하고 있다는 것은 이해 할 수도 있는 일이지만 전체의 기술과정에서의 기술 과목 대비 실습의 비가 4 : 6으로 완전히 반대되는 현상을 나타내고 있다. 이것은 일정수의 숙련된 기능공의 양성을 위한 기술고등전문학교에 있어서 학생들의 노력동원이라는 정책적 의의를 크게 벗어나지 못하고 생산에 직접 참여하며 생산의 실습에 많은 시간을 소비한다는 근거에서 나온 것이라고 해석 할 수 있다. 생산의 실습이 효과적인 기술교육의 종합적 부분의 역할을 하는 것이라면 기술과정에 배당되는 시간의 증가에 정비례하여야 한다.

　북한의 고등전문학교 과학기술교육에 대한 자세한 내용은 확보되지 않고 있으나 과학기술교과의 교수요목을 통하여 보면 '생산의 기초인 기계에 대한 일반지식을 주는 것'으로 되어 있으며 이는 수학, 물리학, 화학 등의 기초과학과 연계해 유의하도록 되어 있다.

　최근 북한은 컴퓨터 산업을 육성하기 위하여 노력하였으며 90년대 초반까지 과학원 및 김일성 종합대학에서 8비트급 수준의 컴퓨터를 자체 조립한 경험이 있다. 90년대 중반 경에 평양전자계산기

---

33) 북한연구소, 북한총람, 1986, pp.592.

공장을 설립하였으나 현재 가동이 중단된 상태이며 컴퓨터 본체 및 통신장비 등 하드웨어 등은 주로 중국 및 동남아 등지에서 수입하여 사용하고 있는 등 상당히 낙후되어 있다.

한편 소프트웨어 산업은 조선컴퓨터센터와 평양프로그램센터, 김일성종합대학 및 중소규모의 연구기관과 대학들에서 주로 개발을 하고 있다. 이들의 연구개발 분야는 지문인식시스템 등 생체측정기술 및 음성인식, 자동번역프로그램, 바둑 장기 등 오락프로그램, 아동 및 학생 대상의 멀티미디어 교육프로그램 등의 연구개발을 하고 있으며 프로그램의 화면구성 등에는 세련되지 못하나 기술면에서는 일정한 수준에 도달한 것으로 판단된다.[34]

5. 북한의 과학기술 교육방법

북한은 과학기술개발에 역점을 두고 계속하여 전체의 교육체제를 발전시켜 왔는데 이는 북한이 사상교육의 강화를 위하여 여러 차례 과학기술교육 분야에서도 체제의 변화를 적용하였다.

북한의 과학기술교육이 일반적인 방법으로써 그들의 표현대로 '계단식 방법'이 하나의 원리로써 강조되고 있으나 그 실제 적용의 정도를 짐작하기는 힘들다고 할 수 있다. 왜냐하면 실험과 실습이 지식 학습과 긴밀하게 연결되어 있어야 한다는 주장은 어디에서나

---

34) 국가정보원, 북한정보, 과학기술, 2001. 5. 9.

있는 일이지만 고등전문학교 시설에 있어서 실험 및 실습을 위한 다면적 시설 확충을 위한 노력의 일면을 찾아 볼 수 없기 때문이다. 북한은 1964년 내각결정 88호의 '기술학교 고등기술학교의 강화에 대하여'에 따라 기술학교 고등기술학교 실습장과 각종의 실험연구실을 확장한다는 계획과 선전에서 실험실습을 강조하는 경향이 두드러지게 나타났다. 그러나 교수 방법상의 고려에 있어서는 귀납적인 사고의 훈련을 중시하고 있으며 이론과 실습의 유기적인 결합을 꾀하고 있다. 고등전문학교의 기술과정에 포함되는 제도과목을 하나의 예로 들어보면 다음과 같다. 제도과목의 목표로써 북한은 '학생들에게 생산과 건설에 사용되는 설계도면을 자체로 충분히 보고 이해하며 그것을 만들 수 있는 기초를 튼튼히 닦아줌과 동시에 자기의 기술적 구상을 도면으로 나타낼 수 있는 능력을 배양하여 주는 데 있다'라고 되어 있다.

이는 교과내용에 있어서 작도에 대한 숙련과 공간적 개념의 이해를 기초로 기계제작 제도에 대한 기본 지식을 강조하고 있으며 구체적인 내용에 있어서는 기하학적 제도를 강조하고 있고 투영법의 취급비중을 높게 잡고 있다.

북한은 학생들에게 인류가 달성한 기술의 성과를 체득시키고 그 활용능력을 키워주기 위한 것으로 고도의 과학이론 습득과 풍부한 경험의 기술적 원리를 생산에 직접 응용하도록 하며 현대 과학기술에 민감하게 적응하게 하고 산업에서 제기되는 기술적 문제를 자체 해결하는 능력을 배양시키는 데 두고 있다.[35]

북한은 지식을 습득하기 위하여 사회전반에 대한 지식습득과 과학기술체득의 기초가 되는 일반지식교육에서 생산과 기술의 기초원리와 전기기계에 대한 기초기술지식을 11년제 의무교육의 기초와 중등교육에서 실시해 모든 학생들이 생산과 관련이 있는 현대적 기술을 한 가지 이상 가지도록 요구하며 전문지식 교육에서는 중등일반지식의 기초 위에 고등교육단계에서 학습하고 개인의 능력에 따라 기술자와 전문가로 양성하며 사회전체의 인텔리화를 실천한다는 것이다.

또한 북한은 기술기능의 향상과 노동을 위해서 과학자와 기술자 및 생산자들의 창조적 협조를 강화하여 기술혁명운동을 벌인다는 것이다. 또한 북한은 산학연계를 잘 이끌어 공장대학과 농장대학, 고등전문학교, 농장전문학교, 야간 및 통신교육 등 일하면서 공부하는 형태의 사회교육을 통해 노동자들이 최고의 과학기술을 체득하여 현대적 기계를 운용하도록 한다는 것이다.[36]

6. 북한 이탈 주민의 증언에 의한 과학기술교육

(1) 고등중학교 학생들의 교과 선호도

북한 고등중학교 학생들의 교과 선호도에 대한 조사는 설문에 대한 신뢰도를 높이기 위하여 현재 한국에 거주하는 북한 이탈 주

---

35) 극동문제연구소, 북한전서, 1980, pp.661.
36) 박동철, '북한의 과학기술', 과학과 기술, 1989년 2월호.

민을 16세 이상 30세 이하로 제한하여 16명을 표본 조사한 것으로 응답자 본인이 고등중학교를 졸업했다고 주장하는 신뢰에 전적으로 따른 것이다. 또한 이에 해당하는 설문 대상이 적어 전체에 대한 평가를 하기에는 문제점이 있으나 현실적으로 설문 대상자를 확보하는 데 대한 어려움이 있었다. 따라서 북한의 학생들이 실제로 교과를 선호하는 현실과 차이가 나타날 수 있으나 설문의 내용이 간단명료하고 단답식의 질문이어서 어느 정도는 북한의 학생들이 선호하는 교과에 대하여 판단할 수 있는 자료라 할 수 있다.

〈표-18〉 북한 고등중학교 학생들의 교과 선호도

번호	교과명	설문지 작성자 수																계	300%	100%
		1	2	3	4	5	6	7	8	9	10	11	12	13	14	15	16			
1	김일성의 혁명역사																	0	0	0
2	김정일의 어린시절																	0	0	0
3	공산주의 도덕															○		1	6.25	2.08
4	국어문학	○	○		○		○		○	○	○	○	○				○	10	62.5	20.8
5	한문					○		○										2	12.5	4.16
6	외국어			○	○	○		○		○		○		○				7	44	14.6
7	역사					○				○			○					3	19	6.3
8	수학		○					○	○			○			○			5	31	10.3
9	지리	○			○	○						○						4	25	8.3
10	물리				○					○			○					3	19	6.3
11	생물	○		○			○		○									4	25	8.3
12	화학						○										○	2	12.5	4.16
13	천문학		○			○						○		○				4	25	8.3
14	전자공학기초		○													○		2	12.5	4.16
15	체육																○	1	6.25	2.08
16	음악																	0	0	0
17	미술																	0	0	0
18	제도																	0	0	0

* 300%: 설문지 작성자 1인당 3과목을 선택하도록 하였음.
* 100%: 300%를 3으로 나누어 백분율 하였음.

북한의 고등중학교 학생들에 대한 교과목 선호도에 대한 설문으로 북한의 고등중학교에서 학습하는 18개 교과목 중 가장 흥미 있었던 과목으로 3과목씩 선택하도록 하여 설문에 대한 신뢰도를 높이고자 하였다. 북한의 고등중학교 학생들은 〈표-18〉에서 나타난 바와 같이 국어문학에 대하여 설문 응답자 16명 중 10명이 좋아한다고 응답하여 62.5%/3=20.8%로 선호도가 가장 높았고 외국어(영어)에 대한 선호도가 14.6%, 수학과목이 10.3%, 지리, 생물, 천문학이 각 8.3%, 역사, 물리가 각 6.2%, 한문, 화학, 전자공학 기초가 각 4.16%, 공산주의 도덕과 체육이 각 1.06%, 김일성 혁명역사, 김정일 어린시절, 음악, 미술, 제도는 0%로 나타났다. 여기에서 김일성 혁명역사와 김정일 어린시절에 대하여 선호도가 전혀 없는 것은 북한의 학생들이 북한의 체제에 대한 불만이 있었던 것으로 판단되며 음악, 미술, 제도에 대한 선호도가 전혀 없는 것은 설문 응답자들 자신이 북한의 경기 침체로 인한 가정의 생계문제로 인하여 정서적 안정이 없었던 것으로 사료된다.

(2) 고등중학교 학생들이 과학교과 선호도

북한 고등중학교 학생들이 과학 관련 교과목 가운데 선호하는 교과목으로는 지리(지구과학과 사회지리), 생물, 천문학이 8.3%, 물리 6.2%, 화학과 전자공학 기초과목이 4.16%로 나타났다. 따라서 수학을 제외한 과학 관련 교과목의 비율이 39.4%로 과학 관련 교과목에 대하여 상당한 학생들이 흥미를 가지고 학습을 하고 있는 것으로 나타났다. 이는 북한의 학생들이 비교적 탈 이념적이고 활동 중심적인 교과목을 좋아한다는 것을 의미하며 김일성의 혁명 활동이나 김정일의 어린시절과 같은 주체사상을 고취시키려는 교과목에 대하여는 전혀 흥미를 느끼지 못하고 있다는 것이다.

또한 지리, 생물, 천문학 교과목의 비율이 높은 것은 자연현상에 대한 이해로 쉽게 접근할 수 있다는 학문으로 인식하고 있는 것으로 판단된다.

여기에서 특이할 만한 사항은 전자공학기초(컴퓨터 공학) 과목에 대하여 북한의 고등중학교 학생들이 흥미를 가지고 있지 않다는 것이다. 이는 북한의 학생들로 하여금 이론적인 내용은 학습을 진행하나 실습은 종이에 그려진 컴퓨터 건반표로 실습을 대신하고 있어 전자공학기초가 북한의 학생들로 하여금 흥미를 유발하지 못하고 있는 것이 현실이다. 또한 북한 이탈 주민의 상당수가 북한을 이탈하여 중국에 체류하면서 처음으로 컴퓨터를 구경하였다는 증언으로 미루어 북한의 어려운 교육환경을 짐작할 수 있다.

7. 연구방법

(1) 문헌의 분석

본 연구는 북한의 과학기술교육에 대하여 북한의 교육정책과 체제에 근거하여 문헌의 분석을 중심으로 과학기술교육의 내용을 분석하고자 하였으며 이러한 문헌 분석의 신뢰성을 확보하기 위하여 북한 관련 전문가들의 면담과 남한에 거주하는 북한 이탈 주민의 증언을 통하여 사실관계를 확인하는 방법을 취하였다.

북한 관련 자료들은 통일부 정보분석국 북한자료센터의 북한 관련 자료들을 이용하였으며, 남한의 북한 관련 연구소 및 연구기관들의 자료와 언론의 보도되는 자료들을 인용하였다.

이러한 연구는 연구의 성격상 대부분이 문헌의 연구에 의하여 진행하게 됨으로 신뢰성 있는 자료의 확인이 중요하여 일차적인 자료로 통일부의 소장 자료를 활용하였으며, 북한의 교육과 관련된 교육과정 및 교과서의 분석연구들을 참고하였고 정부에서 입수한 북한자료를 활용하였다.

(2) TIMSS의 분석틀에 의한 남북한 과학교과 비교

북한의 과학기술교육내용에 있어서, 고등중학교 교과내용은 남북한의 교과 내용을 비교하여 분석하였으며, 객관적인 신뢰성을 높이기 위하여 국제교육성취도평가기구에서 개발하여 1992년부터 활용하고 있는 TIMSS의 분석틀을 활용하였다.

TIMSS의 분석틀에서는 통합과학의 형태로 만들어져 있으나 북한의 경우는 학습형태가 철저하게 굴리, 화학, 생물, 지리, 천문학 등으로 분리되어있는 분과 학습을 하여 영역별 내용요소 중에서 남한에서는 학습하고 있으나 북한에서는 학습하지 않는 내용을 물리, 화학, 생물, 지구과학, 천문학 등으로 분리하여 발췌하고자 하였다. 또한 북한에서는 학습하고 있으나 남한에서는 학습하지 않는 내용을 찾고자 하였다.

남한의 교육과정은 현재 제7차의 교육과정이 진행 중에 있으므로 제6차의 교육과정을 활용하였으며 북한의 경우 1996년 개정된 과정안을 활용하였다. 여기에서 활용된 단위의 수는 주당 1시간씩 1년 동안 학습하는 것을 기준으로 하였다.

비교의 대상을 물리의 경우 북한에서는 2학년에서 6학년까지 학습하는 것으로 되어있어 남한의 중학과학과 공통과학의 물리영역, 물리 I, 물리 II등을 연계하여 북한의 2, 3학년의 경우 남한의 중학과학과 비교하고 4, 5, 6학년의 경우 남한의 공통과학, 물리 I, 물리 II와 비교하여 남한의 영역별로 학습의 내용요소를 비교하였다.

화학의 경우 북한에서는 3학년에서 6학년까지 학습을 함으로 북한의 3, 4학년을 남한의 중학과학과 비교하고 5, 6학년을 남한의 공통과학의 화학영역과 화학 I, 화학 II를 비교하였다.

생물의 경우 북한에서는 2학년에서 6학년까지 학습하는 것으로 되어 있어 북한의 2, 3학년을 남한의 중학과학과 비교하고 4, 5, 6학년의 경우 남한의 공통과학의 생물영역과 생물 I,생물 II를 비교대상으로 하였다.

북한에서는 지구과학의 교과목이 없고 지리의 교과목에 사회지리와 지구과학을 학습하고 있으며 천문학을 별도의 교과목으로 학습하고 있다. 이에 북한의 지구과학과 천문학에 해당되는 지리 1,

2, 5학년의 교과목을 남한의 지구과학과 비교하고자 하였으며 천문학의 교과목은 남한의 지구과학 범위 내에서 천문학의 부분을 발췌하여 비교하였다.

(3) 남한의 제6차 교육과정과 북한의 과정안 비교

북한의 과학기술교육의 현황을 파악하기 위하여 먼저 선행적으로 북한의 중을 분석하여야 한다. 북한이 과학기술의 발전을 위하여 과학기술교육을 어떠한 정책과 체제로 실시하고 있으며 또한 이러한 정책을 실현하기 위하여 역점을 두고 있는 부분들을 분석하고 그들의 교육체제의 장단점은 무엇이며 어떠한 과정을 통하여 현재에 이르고 있는가를 분석하고자 하였다.

또한 과학기술과 관련된 교과의 내용 분석이다. 북한의 기초과학 교육기관인 인민학교 및 고등중학교에서 과학기술과 관련된 내용을 어떤 교과목에서 어떤 내용으로 가르치고 있으며 북한의 교육과정인 과정안에 학교교육에서 과학기술 관련 교과목의 시수 배정 문제를 어떻게 다루고 있는지를 분석 내용으로 포함하였다.

그리고 과학기술교육의 방법에 대한 분석으로 이론교육과 실기교육은 어떻게 진행하며 실험실습은 어떻게 하고 있는가를 분석하고 실험실습의 내용이 어느 정도의 수준에서 교육하고 있는지를 연구대상에 포함하고자 하였다.

북한의 과학기술 교육기관과 과학기술 연구기관의 관계를 분석하여 연구만을 전문으로 하는 과학기술 연구기관의 현황과 그 기능을 알아보고 과학기술 교육기관과의 상호 보완적인 기능을 분석하고자 하였다.

또한 국제적인 교류를 통하여 과학기술교육에 관련된 자료와 기술도입 등에 대하여는 어떤 경로로 학술교류가 이루어지고 있는가를 분석대상에 포함하고자 하였다.

북한의 과학기술교육을 정확히 분석하기 위해서는 북한의 과학기술 교육제도의 일반적 특징과 과학기술교육방법의 일반적 특징 등을 이해하고 그 정책들의 현황을 파악하는 것이 중요하다고 할 수 있을 것이다. 본 연구는 이러한 정책과 이해를 기초로 하여 과학기술교육에 대한 내용을 분석하고자 하였다.

북한의 과학기술교육의 현황을 조사 및 분석하는 데 있어서 현지 조사나 답사는 불가능하다. 이에 문헌의 분석을 통하여 기초자료를 분석하고 일부 탈북자들의 증언을 통하여 사실관계를 확인하는 것은 하나의 연구의 방법이라 할 수 있다.

북한의 과학기술 교육정책에 대하여 그 변천과정에 따라 시기적인 특징을 살펴보고 교육기관 및 연구기관의 현황과 최근의 실태를 분석하여 자료를 중심으로 연구하고자 하였다.

북한의 과학기술교육 현황 분석은 과학기술교육의 내용을 중점적으로 연구하여 어떤 수준에서 교육에 임하고 있는지를 분석하는데 역점을 두고 다른 방법에 의하여 과학기술교육의 현황이 파악되면 그 내용을 토대로 과학기술교육에 필요한 자료를 발췌하여 연구대상으로 삼았다.

본 연구는 이상에서 언급한 바와 같이 내용의 대상에 따라 선택적 방법을 택하여 분석하게 되었고 기존의 분석된 자료는 종합하여 전체적인 내용으로 해석할 수 있도록 하였다.

Ⅳ. 연구결과

1. 북한 과학기술 교육정책의 특징

북한은 공산주의식 인간 창조와 사회주의 공업국 건설에 요구되는 기술인재 양성이란 교육의 이념으로 새로운 사회의 건설에 필요한 기술과 지식을 가진 공산주의 건설자의 육성을 위한 과학기술교육을 추진하여 왔다.

북한의 과학기술교육은 여러 차례 변화를 거쳐 왔지만 항상 변하지 않는 공통점은 이념과 체제에 관한 내용으로 다음과 같이 요약할 수 있다.

첫째, 북한은 인민들을 공산주의식 인간 창조라는 이념하에 교육, 생산, 노동을 결합한다는 것을 기본 원칙으로 하였다. 이런 원칙은 인간의 발전을 물질적인 부에서 찾고 그 원동력을 노동의 대가로 찾으려는 마르크스·레닌주의의 철학적 기초에서 오는 것으로, 교육이 생산에서 분리하여 존재해서는 안 된다는 사실을 강조하였으며, 공산주의자들은 학업 때문에 노동을 기피하려는 것을 방지하기 위하여 교육과 생산을 동시에 강조하여 왔다.

현재 북한의 고등중학교는 4-8주, 고등전문학교는 10주, 대학은 12-14주의 의무노동에 동원되고 있으며 또한 법정의무노동과 관계없이 수시로 노동에 동원되고 있다. 인민학교 또한 별도의 규정은 없으나 농번기에 소년단을 중심으로 농촌 지원사업 등에 동원되고 있다.

둘째, 북한의 과학기술 교육체제 면에서 정규학교체제와 사회교육체제를 병행하여 실시하고 있으며 정규의 학교체제인 기술의무교육으로 인민학교에서는 공작시간을 고등중학교에서는 실습시간 및 의무노동시간을 통하여 노동과 기술교육을 실시하여 왔다. 사회교육체제에서는 공장에 부설되어 있는 공장기술고등전문학교 및 공장대학을 통하여 기술교육을 강화하여 왔으며 이러한 기술교육의 체제는 항상 노동당이 주관하는 기본 방향에서 이루어지며 강력한 산학협동체제를 유지하여 왔다.

셋째, 북한의 과학기술교육은 이론적이기보다는 실무적이고 현실적이며 구체적인 현장의 문제해결에 기본적인 중점을 두어 왔다는 것으로 경제개발계획을 달성하기 위하여 필요한 기술자를 양성하고 생활중심의 문제에 커다란 관심을 보여 왔다는 것이다.

2. 북한 과학기술 교육정책의 문제점

북한은 과학기술 교육정책을 수립하면서 항시 노동과 깊이 관련시켜 이론적 기초의 부족에서 오는 질적 수준의 저하, 한계성, 노동자들의 무성의 등 많은 문제를 야기 시키고 있다. 이런 문제들은 단지 노력의 부족에서 오는 경우도 있지만 북한의 과학기술교육의 기본 방향에서 조건 반사적으로 발생하는 문제라고 할 수 있다. 이러한 문제들을 요약하면 다음과 같다.

첫째, 북한이 기초이론의 부족에서 오는 연구의 한계성으로 과학기술교육의 기본 방향을 이론보다 실무적인 문제중심으로 추진한 결과 이론적 배경이 낮아서 일정한 한계 이상의 발전을 가져오지 못하고 있다. 북한은 최근 과학기술에 있어서 이론의 혁신이 있어야 한다고 강조하고 있다.

둘째, 산업기술교육을 위하여 공업대학 및 공장대학들이 설립되었으나 학문적 수준이 낮고 시설이 빈약하다. 대학의 질적 수준은 그 사회의 종합적인 국력의 표현으로 볼 수 있는데 북한의 물적 인적 자원이 상당히 부족하고 대학에서 구모의 영세성, 시설의 부족, 연구 수준의 저하 등으로 대학이 제 기능을 발휘하지 못하고 있으며 기초과학의 수준이 낮아서 과학적 발전에 큰 장애가 되고 있다.

셋째, 북한은 유능한 과학기술자들의 부족과 노동자들의 무성의이다. 많은 과학기술자가 배출되었으나 평양이과대학 졸업자를 제외하고는 유능한 과학기술자가 없다. 또한 노동자들에게 공산주의 사상교육을 강화하고 조직에 의하여 노동자들을 통제하고 있음으로 인하여 산업기술자들의 창의적인 활동이 제한을 받게 되며 북한의 과학기술자들이 자주 사상문제로 인하여 비판을 받기도 한다.

넷째, 북한의 과학기술교육이 인간 본연의 가치실현보다는 노동당의 특수한 이념실현을 위한 단순한 수단으로 되어 있다. 교육은 인간의 정신을 개발하고 가치를 실현하기 위한 과정임으로 교육 자체의 보편적인 목적이 있어야 하나 북한의 교육은 노동당의 이념실현을 위한 수단으로 되어 있기 때문에 교육의 자율성이 없다. 북한이 인간의 가치실현을 위한 교육의 보편성인 자율성을 인정할 때 북한의 과학기술교육도 노동당의 이념실현보다 보편적인 이념의 실현을 위하여 공헌하게 될 것이다.

3. 북한의 과학기술 교육체제

북한의 과학기술교육은 별도로 구분되어 있는 교육의 체계가 아니라 전체의 교육체제가 과학기술교육의 체제로 되어 있다. 따라서 학생들이 기술에 재능이 있는지 없는지를 막론하고 한사람은 한 가지 이상의 기술을 습득하여야 하고 공장에서 노동과 실기실습을 마쳐야만 소정의 학교과정을 마치도록 되어 있다. 북한의 학교에서 교육은 기술교육을 제외한 나머지의 교육은 주체사상을 중심으로 한 사상교육이 전부라고 할 수 있다.

성인교육의 체제는 현직 공장의 근로자들을 사상적으로 묶고 기술적으로 노동의 질을 향상시키기 위하여 1960년 이후에 급속한 발전을 이룩하게 된 교육체제이다. 북한의 교육체제는 기술교육을 중심으로 기술인력을 양성하기 위한 교육기관임에는 틀림없다.

북한은 이른바 '수재학교'로 불려지는 제1고등중학교의 설립 목적은 전문적인 과학기술자를 조기에 발굴하려는 데 있다. 대외적으로는 남한에서 1983년 경기과학고등학교 등 4개교를 설립하여 고급 과학기술 인재양성에 총력을 경주하는 등 남한의 과학기술정책에 자극을 받아 설립되었다.

고등기술학교는 북한의 당시 공업교육의 수준이 기술자보다는 기능공의 수요가 더 필요하였고 기능공의 역할이 더 크게 작용하였다.

공장대학의 설립 목적은 노동계급에서 새로운 엘리트를 양성하고 교육과 생산, 이론과 실무를 동시에 학습하여 노동자들의 생산수단과 생산의 의욕을 높이는 데 있다. 이러한 교육의 체제는 공장과 기업소에서 여러 가지 기술문제를 자체적으로 해결해 나가야 하기 때문에 북한과 같은 폐쇄적인 사회에서는 효과적이라 할 수 있으나 그 수준은 매우 낮을 수밖에 없다. 북한의 모든 대학은 그 지역의 산업적 특성에 따라 단과대학으로 설립되어 있는 것이 가장 큰 특징이다.

북한에서의 연구내용은 산업발전에 직결되고 있는 것이 특징이며 다양하고 장기간에 걸친 연구경험의 결과는 수많은 연구소가 연구뿐만 아니라 박사원 교육기관으로 선택되어 각 연구소에도 박사원을 설치하게 하였다.

북한의 산업과 학문의 협동체제는 잘 이루어지고 있는 것으로 일단은 볼 수 있으나 그 내면에 숨은 북한의 지도층의 간계를 알고 나면 그것이 아무런 학문적 발전에 도움이 되지 못하는 허구임을 깨닫게 된다. 즉 북한이 11년제 의무교육이라는 명분 아래 만 6세에서 16세 사이의 아동 노동력을 이용하는 수단뿐만 아니라 고등교육에 있어서도 기술교육을 학습한다는 이유로 학문을 연구하는 대학생들의 노동력을 이용하고 있는 것이다. 이것은 북한에 있어서 공장대학, 통신대학 등의 형태를 빌어서 모든 국민의 노동력을 무제한 공급자로 간주하는 지배계층의 착취수단인 것이다.

북한은 공산주의 산업기술을 강화하기 위하여 공장대학을 설립하였으나 내용적인 면에서는 노동자들에게 고등교육의 문호를 개방하여 사회적 계급 상승에 대한 기대에 부응하여 사기를 진작시키고 작업장을 떠나지 않도록 노동과 학습을 결합하여 나온 방책이라고 할 수 있다.

4. 북한의 과학기술 교육내용

초등교육에서 과학교육에 대한 내용은 북한의 경우 체제의 차이로 인하여 학습량이 부족할 뿐만 아니라 교과과정에서도 내용의 한계성을 드러내고 있다.

남북한의 초등과학에 대한 자연교과목 중 한국의 3-6학년 자연교과목을 510시간 학습하고 있는 반면 북한은 3-4학년에서만 자연교과목을 222시간 학습하고 있어 한국이 두 배 이상의 학습을 하고 있는 것으로 조사되었다.

또한 북한의 인민학교 과학교과 학습형태는 인민학교 자연의 경우 통합의 형태를 취하고 있으나 고등중학교의 경우 철저하게 별도의 교과목으로 분과의 형태를 취하고 있다. 반면 한국은 초등학교 자연에서는 분과의 형태를 취하고 중·고등학교에서는 통합의 형태를 취하는 과학교육의 학습을 실시하고 있다.

북한의 중등교육에서 과학교육이 총 시수 대비 25.7%를 학습하고 있어 한국의 인문계열 9.7% 및 자연계열 12.9%의 학습은 큰 차이라 할 수 있다.

과학교과별 내용에 대하여 한국의 물리교과서는 학습하지 않으나 북한의 고등중학교에서는 학습하고 있는 영역으로 '상대성 이론' 영역과 '유체역학'의 영역이 있다.

화학의 경우 일반적으로 남한의 교과서에 제시된 내용의 범위가 넓고 수준도 높은 것으로 보이며 학문 중심적인 성격을 잘 보여주고 있는 것으로 판단된다.

생물 분야의 경우 '다양성, 조직, 생물체의 구조' 영역에서는 한국의 인문계열 24.2%와 자연계열 28.3%를 학습하는 것에 비하여 북한의 경우는 53.7%로 생물 분야에서 거의 절반 이상을 차지하는 등 내용별로 큰 편차를 보이고 있다.

북한에서의 고등중학교 지구과학은 지리의 교과목에 사회지리와 지구과학을 포함하여 학습하고 있으며 또한 지구과학에 관련된 과목으로 천문학을 별도의 교과목으로 학습하고 있다. 북한의 지구과학 교과내용 중 '지구의 모양' 영역에서는 북한이 49.1%인 반면 우리의 인문계열에서는 28.8%, 자연계열에서는 30.2%를 학습하는 것으로 조사되었으며 내용적인 면에서는 한국의 지구과학에서 학습하는 내용과 비교하여 내용이 현저히 뒤떨어진다고 할 수 있다.

최근 북한은 컴퓨터 산업을 육성하기 위하여 노력하였으며 90년대 초반까지 과학원 및 김일성 종합대학에서 8비트급 수준의 컴퓨터를 자체 조립한 경험이 있으며 90년대 중반 경에 평양전자계산기 공장을 설립하였으나 현재 가동이 중단된 상태이며 컴퓨터 본체 및 통신장비 등 하드웨어 등은 주로 중국 및 동남아 등지에서 수입하여 사용하고 있는 등 상당히 낙후되어 있다.

북한의 과학기술교육에 대한 방법으로써 북한이 표현하는 대로 '계단식 방법'이 하나의 원리로써 강조되고 있으나 그 실제 적용의 정도를 짐작하기는 힘들다고 할 수 있다. 그것은 학문의 연구에 대한 실습을 노동의 현장에서 실습을 진행하고 있기 때문이다.

북한 이탈 주민들의 고등중학교 교과학습에 대한 교과 선호도에 대한 설문에서는 응답자 16명 중 10명이 국어문학을 좋아한다고 응답하여 62.5%로 선호도가 가장 높았으나 김일성 혁명역사, 김정일 어린시절, 음악, 미술, 제도는 0%로 나타났다. 여기에서 김일성 혁명역사와 김정일 어린시절에 대하여 선호도가 전혀 없는 것은 북한의 학생들이 북한의 체제에 대한 불만이 있었던 것으로 판단되며, 음악 미술 제도에 대한 선호도가 전혀 없는 것은 설문 응답자들 자신이 북한의 경기 침체로 인한 가정의 생계문제로 인하여 정서적 안정이 없었던 것으로 사료된다.

과학 관련 교과목에 대하여는 39.4%로 북한의 학생들이 비교적 탈 이념적이고 활동 중심적인 교과목을 좋아한다는 것을 의미하며 김일성의 혁명 활동이나 김정일의 어린시절과 같은 주체사상을 고취시키려는 교과목에 대하여는 전혀 흥미를 느끼지 못하고 있는 것으로 조사되었다.

과학기술교육에 있어서 남북한의 교육이념과 목적이 서로 다른 상황에서 상이점에 대한 확인도 중요하지만 남북한의 교육이 지향하는 공통적인 특성을 발견하여 동질성의 기회로 삼아야 할 것이다.

V. 결론 및 논의

1. 결 론

북한은 과학기술교육에 대하여 연구하고 개발하는 학문의 대상으로 보기보다는 경제발전에 필요한 하나의 도구로서 중요시하고 있다. 따라서 북한에서의 과학기술교육은 순수과학 분야보다는 직접 생산에 응용되는 응용과학 분야나 실용적인 기술에 치중하여 과학기술의 가치를 북한의 경제력에 적용할 수 있는 것에 중점을 두고 있다.

북한의 과학기술교육은 경제정책의 변화에 따라 발전시켜 왔으며 순수과학보다는 실용과학에 치우쳐 기술자를 양성하기 위한 기술의무교육과 기술 계 대학을 확대하여 기술인력의 양성을 목표로 양적으로는 급속한 확대를 가져왔으나 질적으로는 단순한 기능인력을 양성하는 결과를 가져왔다.

이러한 과학기술 교육정책은 기초과학이나 순수과학보다는 실용기술이나 응용과학에 치중하게 하여 기능공의 양성이나 기술자의 양성을 위해 각각에 적합한 기초과목과 응용과목 간의 비중이 적절하게 구분되지 못하였다.

북한의 교육에 있어서 자연계 대비 인문계의 비는 7 : 3으로 이는 기술교육을 중시하는 공산주의적 체제에 근간을 두고 있다. 북한은 기술의무교육과 공장대학 등 기술계 대학에서 노동자들의 기술 향상과 사상 강화에 대하여 많은 효과를 거두었다. 그러나 이는 체제유지를 위한 하나의 수단으로 집단주의 체제에서는 가능할지 모르나 21C 통일 한국사회에서는 무의미한 정책이라고 할 수 있다.

북한은 과학기술 연구주제에 대하여 당국으로부터 강력한 통제를 받고 있으며 연구의 방향도 분명하게 제시되고 있다. 이는 연구의 목적을 달성함에 있어 능률과 효과를 극대화하여 목적을 쉽게 달성할 수 있을지는 모르나, 창조적이지 못하고 독창적인 연구는 진행되지 못하고 있다.

또한 북한이 산업기술교육을 위하여 공업대학 및 공장대학들을 설립하였으나 학문적 수준이 낮고 시설이 빈약하다. 대학의 질적 수준은 그 사회의 종합적인 국력의 표현으로 볼 수 있는데 북한의 물적, 인적 자원이 상당히 부족하고 대학에서 규모의 영세성, 시설의 부족, 연구수준의 저하 등으로 대학이 제 기능을 발휘하지 못하고 있으며 기초과학의 수준이 낮아서 과학적 발전에 큰 장애가 되고 있다.

또한 실기실습은 산학협동의 체제가 정책적으로 이루어지고 있어 직접 산업현장에서 이루어지고 있다. 이는 현장에서의 실무를 확실하게 습득할 수는 있으나 기존의 사용되는 실무를 학습하는 데 국한되고 있다.

북한의 과학기술은 노동의 현장과 긴밀하게 연계되어 있기 때문에 학술적인 측면보다는 실무적인 기술을 강조하는 것이 특징이다.

이는 북한의 중등교육 및 고등교육에서 실제 기능과 기술을 강조함으로 이론적이고 학문적인 측면에서는 뒤떨어지는 문제를 가지고 있다.

북한의 기술계 대학은 지역의 산업적 특성에 따라 학과를 개설하고 공장과 기업소 등에서 자체의 기술력에 맞는 전문부분의 기술학교나 공장대학 등을 운영하고 있다. 이러한 교육과 공장 및 기업소 등과의 연계제도는 산학협동의 기초가 되고 있다.

사회구조가 전혀 다른 환경에서 진행되고 있는 북한의 교육 시스템을 모방하는 것은 아니지만 우리의 환경에 맞는 산학협동체제의 도입은 각 기관의 긴밀한 협조체제하에서 상호 연계는 가능할 것이다.

북한의 경제정책과 과학기술정책은 상호 긴밀한 협조하에 정책이 수립되고 실시된다. 또한 이러한 경제정책 및 과학기술정책은 교육정책과 상호 연관성을 가지면서 협조적으로 집행된다. 이는 북한이 국가적인 차원에서 균형적인 발전을 촉진하기 위한 것이다. 정책의 입안과 시행과정에 있어서 이러한 분야 간 협조와 일관성을 이룰 수 있도록 하는 제도적 장치는 우리의 경우에 있어서 참고할 만한 일이라 할 수 있다.

북한의 과학기술교육은 별도로 구분되어 있는 교육의 체제가 아니라 전체의 교육체제가 기술교육의 체제로 되어 있다. 따라서 학생들이 기술에 재능이 있는지 없는지를 막론하고 한 사람은 한 가지 이상의 기술을 습득하여야 하고 공장에서 노동과 실기실습을 마쳐야만 소정의 학교과정을 마치도록 되어 있다. 이는 학생들의 재능을 조기에 발굴하여 첨단과학기술인재를 육성하는 제도와는 거리가 먼 것으로 사료된다.

북한은 과학기술교육에 있어서 기초이론의 부족에서 오는 연구의 한계성으로 과학기술교육의 기본 방향을 이론보다 실무적인 문제중심으로 추진한 결과 이론적 배경이 낮아서 일정한 한계 이상의 발전을 가져오지 못하고 있다. 또한 북한은 유능한 과학기술자들의 부족이 큰 문제이며 노동자들의 무성의로 노동생산성의 질적 저하를 가져오기도 한다. 노동자들에게 공산주의 사상교육을 강화하고 조직에 의하여 노동자들을 통제하고 있음으로 인하여 산업기술자들의 창의적인 활동이 제한을 받게 되며, 북한의 과학기술자들이 자주 사상문제로 인하여 비판을 받기도 한다.

북한의 과학교과 학습형태는 인민학교 자연의 경우 통합의 형태를 취하고 있으나 고등중학교의 경우 철저하게 별도의 교과목으로 분과의 형태를 취하고 있다. 반면 한국은 초등학교 자연에서는 분과의 형태를 취하고 중·고등학교에서는 통합의 형태를 취하는 과학교육의 학습을 실시하고 있다.

북한 이탈 주민들을 대상으로 한 과학 관련 과목에 대한 설문내용에 의하면 39.4%로 상당히 많은 학생들이 과학 관련 과목에 대하여 흥미를 가지고 학습하는 것으로 나타났다. 이는 북한의 학생들이 비교적 탈 이념적이고 활동 중심적인 교과목을 좋아한다는 것이다. 반면 김일성의 혁명 활동이나 김정일의 어린시절과 같은 주체사상을 고취시키려는 교과목에 대하여는 전혀 흥미를 느끼지 못하고 있는 것으로 조사되었다. 이에 향후 남북한의 과학교육이 지향하는 공통적인 특성을 신속하게 발견하여 과학교육의 동질성을 회복하는 기회로 삼아야 할 것이다.

2. 논 의

21C 통일 한국 사회의 균형적인 국가 발전을 위해서는 남북한의 통일된 과학기술의 교육환경이 조성되어야 할 것이다. 이러한 교육환경을 조성하기 위해서는 다음의 사항들이 실행되어야 한다.

첫째, 북한의 교육 실상을 정확히 파악하기 위하여 자료 수집을 강화하고 필요한 정보를 쉽게 구할 수 있도록 하여야 할 것이다.

둘째, 남북한의 학제를 통합하여 다양한 통합과학교육을 실시하여야 한다.

셋째, 북한의 과학기술교육이 미사일 및 핵무기 등 군사목적으로 사용되는 과학기술을 포기하고 국가적 경쟁력이 있는 다양한 과학기술교육으로의 전환이 필요하다.

넷째, 남북한의 상호 군사적인 대치상황을 청산하고 상호 신뢰하여 과학기술교류를 확대하여야 할 것이다.

다섯째, 북한의 고중의무 교육체제가 학생들에게 노동과 기술의무교육을 강요하지 않고, 학문연구중심의 교육체제로의 전환이 필요하다.

참고 문헌

강순원(1990). 주체학습론의 종합기술론조 재평가. 한국비교교육학회.

교육도서출판사(1998). 물리(고등중학교 2, 3, 4, 5, 6). 평양.

_____(1995). 화학(고등중학교 3, 4, 5, 6). 평양.

_____(1998). 생물(고등중학교 2, 3, 4, 5. 6). 평양.

_____(1996). 지리(고등중학교 1, 2, 5). 평양.

_____(2000). 천문학(고등중학교 6). 평양.

교육부(1993). 통일교육 지도자료. 서울.

교학사(2001). 과학(중학교 1, 2, 3학년). 서울.

_____(2001). 공통과학, 물리 Ⅰ. 물리 Ⅱ. 생물 Ⅰ. 생물 Ⅱ. 화학 Ⅰ.
    화학 Ⅱ. 지구과학 Ⅰ. 지구과학 Ⅱ. 서울.

국가정보원(1999-2002). 북한정보. 과학기술. 서울.

국토통일원(1990). 남북한 통일정책 비교. 서울.

_____(1983). 북한개요. 서울.

_____(1975). 북한 과학·기술 자료집. 서울.

_____(1973). 북한 교육관계 자료집. 서울.

_____(1983). 북한 교육기관 및 문화재분포현황. 서울.

_____(1972). 북한의 교과서내용 분석연구. 서울.

_____(1980). 북한의 과학기술수준 분석. 서울.

_____(1975). 북한의 과학기술연구. 서울.

_____(1990). 북한의 과학기술정책. 서울.

_____(1975). 북한의 교육과 정치사상전력. 서울.

_____(1986). 북한의 교육실태와 특징. 서울.

_____(1970). 북한의 교육행정제도의 변천과 현황. 서울.

_____(1976). 북한의 기술교육 및 고등교육의 발전상. 서울.

국토통일원(1972). 북한의 남한교육 왜곡선전 내용분석. 서울.

_____(1985). 북한의 대학, 대학생활. 서울.

_____(1983). 북한의 지역별 대외활동 특성연구. 서울.

권치순(1999). 한국과 북한의 중등 과학교과 내용의 비교. 과학과 수학교육 논문집 제25집.

극동문제연구소(1980). 북한전서. 서울.

김순배(1989). 북한의 교육실태. 국토통일원 통일연수원.

김정흠(2000). 북한의 물리학 현황과 남북교류. 북한학회 논문. 북한학보 제5집 p.161~190.

김철환(1990). 북한 과학기술 분야의 대외 협력실태 연구. 통일원.

김태완·박재윤·한만길·백성준(1991). 남북한 교육통합정책연구. 한국교육개발원.

김형찬(1990). 북한의 교육. 서울: 을유문화사.

내외통신. 562호, 618호, 635호. 내외통신사. 서울.

노석구(1995). 남북한 초·중 등 과학교과서의 화학내용비교. 서울대
　　　학교 박사학위논문.

리영환(1995). 조선교육사6. 사회과학출판사. 평양.

문용린(1990). 북한교육과정의 비교분석연구. 한국비교교육학회.

박동철(1990). 공산권 주요 국가의 과학기술실태. 서울.

_____(1989). 북한의 과학기술. 과학과 기술 2월호. 서울.

북한연구소(1978). 북한교육론. 서울.

_____(1999). 북한대사전. 서울.

_____(1983). 북한총람. 서울.

유광진(1992). 통일에 대비한 국민교육의 정책모색. 한국정치교육회
　　　학술세미나.

이규환(1990). 북한교육정책의 기본 지표. 통일을 대비한 북한교육 심
　　　포지엄. 한국비교교육학회.

이영덕(1983). 고등학교 통일교육 범위에 관한 연구. 국토통일원.

조선노동당(1973). 사회주의교육학에 대하여. 평양.

조선중앙년감(1961-1991). 조선중앙통신사. 평양.

조순탁(1982). 북한의 과학기술에 관한 고찰. 서울.

통일원(1992). 북한교과서분석. 서울.

_____(1995). 북한의 교육실상과 통일대비 교육과제. 서울.

통일조선년감(1961-1991). 통일조선신문사. 평양.

최돈형·김재형·노석구·이양락·전영석(1998). 남북한 중등교육과
학과 교육과정 및 교과서 비교분석연구. 한국교육개발원.

한만길(1997). 통일시대 북한교육론. 서울: 교육과학사.

한만길·윤종혁·이정규(2001). 북한교육의 현실과 변화. 한국교육개
발원.

한만길·김창환·정영순·손계림(2001). 남북한 교육체제 비교연구.
한국교육개발원.

한만길·황병덕·이우영·윤여각·성기선·오기성·박찬석(1999). 통
일교육 실태조사와 활성화 방안연구. 한국교육개발원.

부 록

부록 1. 북한의 고등중학교 과학기술교육 학습실태 조사지

　설문에 응해주셔서 감사합니다. 또한 여러 가지 어려운 과정을
통하여 무사히 한국에 정착하게 되심을 진심으로 축하드립니다.
한국의 환경에 잘 적응하셔서 행복하고 안정적인 생활이 되시기를
기원합니다. 면담의 내용은 통일한국시대를 대비하여 남북한의 통
일 과학기술교육에 대한 귀중한 연구 자료로 활용하고자 합니다.
정확한 설문을 부탁드립니다.

1. 인적사항
　　1) 성별: 남자_____　여자_____
　　2) 나이: _____세
　　3) 북한 이탈 시기: _____년 _____월
　　4) 한국 도착 시기: _____년 _____월

2. 귀하의 최종학력은 어디까지입니까?
　　1) _____인민학교____학년
　　2) _____고등중학교 ____학년
　　3) _____고등전문학교 ____학년
　　4) _____대학(교) ____학년

3. 고등중학교 학생들은 과학기술과목 중 어느 과목에 가장 관심이 있습니까?

   1) 물리   2) 화학   3) 생물

   4) 지리   5) 천문학   6) 계산기공학

4. 고등중학교에서는 과학기술과목을 몇 학년에서 몇 학년까지 학습합니까?

   1) 물리: _____학년에서 _____학년까지

   2) 화학: _____학년에서 _____학년까지

   3) 생물: _____학년에서 _____학년까지

   4) 지리: _____학년에서 _____학년까지

   5) 천문학: _____학년에서 _____학년까지

   6) 계산기공학: _____학년에서 _____학년까지

5. 고등중학교에서 과학기술과목의 수업을 일주일에 몇 시간 정도 학습합니까?

   1) 물리 ____ 시간   2) 화학 ____ 시간

   3) 생물 ____ 시간   4) 지리 ____ 시간

   5) 천문학 ____ 시간   6) 계산기공학 ____ 시간

6. 고등중학교에서 과학기술과목의 실험실습은 어디서 하였습니까?

   1) 실험실에서 한다.   2) 공장에서 한다.   3) 교실에서 한다.

   4) 야외에서 한다.   5) 안 한다.

7. 고등중학교에서 과학기술과목의 실험실습은 1년에 몇 회 정도
   하였습니까?

   1) 물리 : 1학년____회, 2학년____회, 3학년____회,
             4학년____회, 5학년____회, 6학년____회
   2) 화학 : 1학년____회, 2학년____회, 3학년____회,
             4학년____회, 5학년____회, 6학년____회
   3) 생물 : 1학년____회, 2학년____회, 3학년____회,
             4학년____회, 5학년____회, 6학년____회
   4) 지리 : 1학년____회, 2학년____회, 3학년____회,
             4학년____회, 5학년____회, 6학년____회
   5) 천문학 : 1학년____회, 2학년____회, 3학년____회,
               4학년____회, 5학년____회, 6학년____회
   6) 계산기공학 : 1학년____회, 2학년____회, 3학년____회,
                   4학년____회, 5학년____회, 6학년____회

8. 고등중학교에서 과학기술과목의 평가(시험)는 어떻게 하였습니까?

   1) 월 1회   2) 한 학기 2회   3) 한 학기 1회
   4) 년 1회   5) 평가 없다.

부록 2. 북한의 고등중학교 과학기술교육 학습에 대한 북한 이탈 주민의 면담 질문요지

면담에 응해주셔서 감사합니다. 또한 어려운 과정을 통하여 무사히 한국에 정착하게 되심을 진심으로 축하드립니다. 한국의 환경에 잘 적응하셔서 행복한 생활이 되시기를 기원합니다. 면담의 내용은 통일한국시대를 대비하여 남북한의 통일 과학기술교육에 대한 귀중한 연구자료로 활용하고자 합니다. 정확한 답변을 부탁드립니다.

1. 귀하는 어디에 있는 어떤 고등중학교에서 학습을 하였습니까?
2. 고등중학교에서 과학기술 관련 과목에 대하여 어떤 과목을 학습합니까?
3. 고등중학교에서 과학기술 관련 과목에 대한 학습을 어떤 교원들의 지도를 받습니까?
4. 고등중학교 학생들은 물리과목에 대하여 각 학년에서 일주일에 몇 시간학습을 합니까?
5. 물리과목의 실험실습은 각 학년별로 일주일에 몇 시간 정도 합니까?
6. 물리과목의 실험실습은 어디서 하였습니까?
7. 물리과목의 실험실습은 어떻게 진행하였습니까?
8. 고등중학교 학생들은 화학과목에 대하여 각 학년에서 일주일에 몇 시간 학습을 합니까?

9. 화학과목의 실험실습은 각 학년별르 일주일에 몇 시간 정도 합니까?

10. 화학과목의 실험실습은 어디서 하였습니까?

11. 화학과목의 실험실습은 어떻게 진햫하였습니까?

12. 고등중학교 학생들은 생물과목에 괴하여 각 학년에서 일주일에 몇 시간 정도 학습을 합니까?

13. 생물과목의 실험실습은 각 학년별로 일주일에 몇 시간 정도 합니까?

14. 생물과목의 실험실습은 어디서 하였습니까?

15. 생물과목의 실험실습은 어떻게 진행하였습니까?

16. 고등중학교 학생들은 지리과목에 대하여 각 학년에서 일주일에 몇 시간 학습을 합니까?

17. 지리과목의 실험실습은 각 학년별로 일주일에 몇 시간 정도 합니까?

18. 지리과목의 실험실습은 어디서 하였습니까?

19. 지리과목의 실험실습은 어떻게 진행하였습니까?

20. 고등중학교 학생들은 천문학 과목에 대하여 각 학년에서 일주일에 몇 시간 학습을 합니까?

21. 천문학과목의 실험실습은 각 학년별로 일주일에 몇 시간 정도 합니까?

22. 천문학과목의 실험실습은 어디서 하였습니까?

23. 천문학과목의 실험실습은 어떻게 진행하였습니까?

24. 고등중학교 학생들은 전자공학기초 과목에 대하여 각 학년에

서 일주일에 몇 시간 학습을 합니까?

25. 전자공학기초의 실험실습은 각 학년별로 일주일에 몇 시간 정도 합니까?

26. 전자공학기초 과목의 실험실습은 어디서 하였습니까?

27. 전자공학기초 과목의 실험실습은 어떻게 진행하였습니까?

28. 실험실습의 보고서는 누가 어떻게 작성합니까?

29. 고등중학교에서 과학기술과목의 실험실습평가(시험)는 어떻게 하였습니까?

30. 고등중학교 학생들은 과학기술과목의 평가(시험)를 어떻게 합니까?

부록 3. TIMSS의 과학내용 분석틀

		1.1.1 구성	지각, 맨틀, 핵, 금속 및 광물의 분포
1. 지 구 과 학	1.1 지구의 모양	1.1.2 지형	산맥, 계곡, 대륙, 지표의 변화, 해저지형
		1.1.3 지구의 물	대양, 호수, 연못, 강
		1.1.4 대기	대기층, 대기중의 물
		1.1.5 암석, 토양	토양의 종류, 토양의 형성, 토양의 수소이온농도, 암석의 분류, 암석의 특징과 용도, 광물의 분류, 광물의 특징과 용도
		1.1.6 얼음	빙하, 빙산, 남빙양
	1.2 지구의 변화과정	1.2.1 날씨와 기후	일기도, 일기계보, 태풍, 계절의 변화
		1.2.2 물리적 순환과정	암석의 순환, 물의 순환, 대기의 순환, 해수의 순환
		1.2.3 지각 변동	판구조론, 지진, 화산
		1.2.4 지구역사	지질시대, 화석의 형성, 화석연료, 광물자원
	1.3 우주에서 의 지구	1.3.1 태양계에서의 지구	지구/달/태양계, 낮과 밤, 조석, 남/북반구, 계절
		1.3.2 태양계의 행성	행성들의 특징, 태양계행성의 구성
		1.3.3 태양계 밖의 천체	은하, 태양계, 퀘이사, 별의 종류, 별자리
		1.3.4 우주의 진화	우주의 기원, 우주의 역사, 우주의 미래
2. 생 명 과 학	2.1 다양성 조직, 생물의 구조	2.1.1 식물, 균류	식물의 종류, 균류
		2.1.2 동물	동물의 종류
		2.1.3 그 외의 생물	미생물의 종류
		2.1.4 기관, 조직	순환계, 식물의 잎, 운동계, 눈, 귀
		2.1.5 세포	세포막, 핵, 미토콘드리아, 액포
	2.2 생명작용 과 생물	2.2.1 에너지 조절	에너지 획득, 에너지 저장, 에너지 전환, 광합성/호흡, 생합성, 소화, 배설
		2.2.2 감각과 반응	생물 자기제어, 항상성, 감각기관, 자극과 반응(신경계와 뇌)
		2.2.3 세포에서의 생화학적 작용	세포기능의 규칙성, 전이, 단백질 합성, 효소
	2.3 생물나선, 발생의연 속성, 다양성.	2.3.1 생명 순환	식물과 곤충의 생명주기: 생장, 진화, 재생, 분포, 노화, 죽음, 세포분열, 세포분화
		2.3.2 생식	식물 동물의 생식, 무성/유성생식
		2.3.3 변이와 유전적 성질	멘델/비멘델 유전학, 정량적인 유전질, 집단 유전학
		2.3.4 진화, 종의 분화, 다양성	진화의 증거, 진화의 영향, 진화의 과정, 종의 본질, 다양성의 중요성
		2.3.5 유전학의 생화학	유전자의 개념, DNA/RNA, 유전자의 표현, 유전공학
	2.4 생물의 상호작용	2.4.1 생물군계와 생태계	툰드라, 우림, 사바나, 습지대, 조수웅덩이
		2.4.2 생육지와 적소	멸종위기종의 서식지, 종의 적소
		2.4.3 생명의 상호의존	먹이사슬/그물, 공생관계, 인간의 충격
		2.4.4 동물의 행동	새의 이주, 짝짓기, 양육동물의 사회집단(벌과 코끼리무리)
	2.5 인간 생물학과 건강	2.5.1 영양	식이요법에서의 비타민과 영양
		2.5.2 질병	질병종류, 원인, 방어

3. 물 상 과 학	3.1 물질	3.1.1 물질의 분류	균일/비균일 물질, 원소, 화합물, 용해
		3.2.2 물리적 성질	무게, 질량, 물질의 상태, 금속의 유연성, 금속의 경도, 모양
		3.1.3 화학적 성질	주기율표, 산도, 반응성, 원소스펙트럼, 유기체 무기체
	3.2 물질 의 구조	3.2.1 원자, 이온, 분자	다른 물질의 기본으로써 원자, 이온, 분자
		3.2.2 고분자 결정	중합체, 생물학적 분자의 기능, 모양, 결정구조
		3.2.3 원자의 구성입자	전자, 양성자, 중성자
	3.3 에너지와 물리적 작용	3.3.1 에너지 형태, 근원, 전환	역학적, 화학적, 핵, 화석연료, 수력, 에너지 전환, 에너지와 일, 일률
		3.3.2 열과 온도	온도 규모, 열에너지, 열과 온도
		3.3.3 파동 현상	파동의 특성, 파동의 형태, 파동작용
		3.3.4 소리와 진동	소리의 전달, 청각, 화성학
		3.3.5 빛	빛의 본질, 시각, 광도, 반사, 굴절
		3.3.6 전기	정전기, 전기장, 직류/교류, 전기회로
		3.3.7 자기	자기, 자기장, 자기의 성질
	3.4 물리 적 변화	3.4.1 물리적 변화	기체법칙, 물질의 상태변화, 혼합
		3.4.2 물리적 변화설명	기화, 응고, 용해
		3.4.3 운동 이론	분자운동 이론
		3.4.4 양자이론과 기본 입자	빛의 광자 성질, 광전효과
	3.5 화학 적 변화	3.5.1 화학적 변화	화학변화의 정의, 반응의 종류, 치환, 산과 염기, 산화와 환원
		3.5.2 화학적 변화의 설명	이온/공유결합, 전자배열, 음전기
		3.5.3 변화율과 평형	반응물 농도, 반응조건, 동적 평형
		3.5.4 에너지와 화학적 변화	활성화 에너지, 발열/흡열반응
		3.5.5 유기적, 생화학적 변화	유기화합물의 종류, 동위원소 반감기, 질량/에너지 보존
		3.5.6 핵 화학	핵분열, 원자핵 융합, 동위원소 반감기, 질량/에너지 보존
		3.5.6 전기화학	전기 화학적 세포/배터리, 전기분해, 산화 환원반응
	3. 6 힘과 운동	3.6.1 힘의 종류	중력, 마찰력, 구심력
		3.6.2 시간, 공간, 운동	시간의 단위, 운동의 종류(선형, 원형), 운동의 묘사(등속 운동,가속도운동, 모멘트) 운동준거
		3.6.3 운동역학	균형/비균형 운동, 작용과 반작용, 모멘트와 충돌
		3.6.4 상대성 이론	질량/에너지/속력관계, 광속, 광속으로 여행하는 동안의 시간 틀
		3.6.5 유체역학	수력학, 베르누이의 원리, 기력학
4. 과 학 기 술 수 학 관 계	4. 1 기술의 개념 또는 본성		기회와 필요의 확인, 설계의 발전, 계획과 생산, 평가
	4. 2과학, 수학, 기술의 상호작용	4.2.1 과학에 있어서 수학, 기술의 영향	과학적 사고와 실행과 발전에 대한 수학과 기술의 기여에 관한 정보
		4.2.2 수학, 기술에 있어서 과학의 적용	수학과 기술의 실행과 발전에 대한 과학의 기여에 관한 정보
	4. 3과학, 기술, 사회의 상호 작용	4.3.1 사회에 미치는 과학, 기술의 영향	과학과 기술의 진보가 사회적, 경제적, 윤리적으로 미치는 영향
		4.3.2 과학, 기술에 미치는 사회의 영향	사회가 과학과 기술의 진보와 방향에 미치는 영향

5. 과학기술의 역사		유명한 과학자들, 고전적 실험들, 과학적 생각들의 역사적인 발견, 산업혁명, 고전적 발명
6. 과학에 관련된 환경과 자원문제	6.1 오염	산성비, 열공해, 지구온난화, 대기오염, 수질오염, 소음공해, 방사능 오염
	6.2 육지, 물, 바다자원의 보존	우림, 원시림, 물공급
	6.3 물질과 에너지 자원의 보존	화석연료, 대체에너지 자원들, 알루미늄 재활용, 자원이용
	6.4 세계의 인구	인구통계, 세계인구 증가의 영향, 세계기아, 전염병
	6.5 식량생산과 저장	농업적 방법, 식량공급과 수요, 분배방법
	6.6 자연재해	태풍, 화산, 가뭄에 의한 환경적 피해, 오염에 의한 피해
7. 과학의 본성	7.1 과학적 지식의 본성	과학적 방법들, 증명을 위한 지식적 교과, 변화를 위한 지식적 교과
	7.2 과학적 과제	윤리규범과 지식적 교과, 변화를 위한 지식적 교과, 대규모 연구효과 안에서의 진행과 요원
8. 과학과 다른 교과목	8.1 과학과 수학	과학 교육과정에서의 명백한 수학적 교육
	8.2 과학과 기타과목	언어예술, 사회적 연구, 또는 예술과 통합된 과학 교육과정

부록 4. 남북한 과학기술교육에 사용되는 용어 비교

1. 물리 영역

거꿀비례(반비례), 거꿀수(역수), 겉그늘(반그림자), 속그늘(본그림자), 겉면당길힘(표면장력), 고성기(확성기), 구멍반도체(P형반도체), 극대(보간간섭), 극소(상쇄간섭), 길이불음결수(선팽창계수), 껴덜기(공명), 꼬임저울(비틀림저울), 돌빛사진(다중섬광사진), 드림선우로(연직위로), 떨기너비(진폭), 떨기수(진동수), 뜨락또르(트랙터), 뜰힘(부력), 라자포드(러더포드), 멎음쏠림힘(정지마찰력), 미광방전(글로우방전), 미끄럼쏠림힘(운동마찰력), 밀차(역학수레), 밴매질(밀한매질), 성긴매질(소한매질), 벡토르(벡터), 비녹음열(융해열), 비탈각(기울기), 빛전기현상(광전효과), 빛전지(태양전지), 사기축전지(세라믹축전지), 사진전송(모사전송, 팩시밀리), 살창(그리드), 선륜(솔레노이드), 세로파(종파), 가로파(횡파), 세평방의 정리(피타고라스의 정리), 속에네르기(내부에너지), 스팩트르(스팩트럼), 시간적개(시간기록계), 시누스(사인함수), 코시누스(코사인함수), 실관현상(모세관현상), 쌍금속판(바이메탈), 쏠림결수(마찰계수), 쏠림빛(편광), 쏠림힘(마찰력), 양그률(영률), 에네르기(에너지), 에돌이(회절), 연(납), 열붙음(열팽창), 영겨굳기(응고), 오씰로그라프(오실로스코프), 올릴힘(양력), 유도저항(유도리액턴스), 일능률(일률), 자기력묶음(자기력선속), 자기유도(자속밀도), 자름면면적(단면적), 자리각(위상), 자리각차(위상차), 자리길(궤적), 자리에네르기(위치에너지), 자체유도결수(자체유도계수), 잠긴선(홀수

174

선), 전기가리움(정전기차폐), 전기량(전하량), 전기소량(기본 전하), 전동력(기전력), 전력선(전기력선). 전자관(진공관), 전자반도체(N형반도체), 전자선관(음극선관), 전파탐지기(레이더), 절로복사(자발적복사), 중력중심(무게중심), 천평(천칭), 콕스(코크스), 타닝반(선반), 튐성결수(탄성계수), 튐힘(탄성력), 핵알갱이(핵자), 향심가속도(구심가속도), 향심힘(구심력), 호광방전(아아크방전), 회리전류(맴돌이전류), 흔들이(단진자), 힘재개(용수철저울), 2극소자(다이오드), 3극소자(트랜지스터).

2. 화학 영역

가류(가황), 거꿀반응(역반응), 교질알갱이(콜로이드입자), 교질용액(콜로이드용액), 규정농도(노르말농도), 기능원자단(작용기), 기름(유지), 긴주기(장주기), 길금당(엿당), 끓음점(끓는점), 나트리움(나트륨), 녹음점(녹는점), 농마(녹말), 단순물(원소), 독해물(독성물질), 동아연전지(구리아연전지), 두당류(이당류), 드문가수(비활성기체), 류산(황산), 류산동(황산구리), 류화철(황화철), 류황(황), 마그네시움(마그네슘), 멘델레예브(멘델레예프), 몰질량(물질 1mol의 질량), 몰체적(기체 1mol의 체적), 물리변화(물리적변화), 물리성질(물질의 특성), 물분해(가수분해), 벤졸(벤젠), 불길반응(불꽃반응), 빛화학반응(광화학반응), 살초제(제초제), 석(주석), 알루미니움(알루미늄), 알카리(알칼리), 알콜(알코올), 알콜등(알코올 램프), 에네르기(에너지), 여러당류(다당류), 연축전지(납축전지), 전기헤엄(전기영동), 전자구름(오비탈), 젖빛현상(틴들현상), 질량몫(질량비), 짧

은주기(단주기), 최외전자(최외곽전자), 카르본산(카르복시산), 칼리움(칼륨), 칼시움(칼슘), 퍼센트용액(퍼센트농도), 포화1값알콜(1차알코올), 하나당류(단당류), 헬리움(헬륨), 화학변화(화학적변화), 후라스코(플라스크), 흙알카리금속원소(알카리토금속원소).

3. 생물 영역

갈기기관(상동기관), 갈림쪽(할구), 거르기종이(흡수지), 검정섞붙임(검정교배), 꼬아세르바트(코아세르베이트), 농마(농말), 닮기기관(상사기관), 데핵산(DNA), 도움물질(조효소), 도움세포(조세포), 되살이(재생), 되살이싹(재생아), 두값물들체(2가염색채), 두당류(이당류), 두오리사슬(이중나선), 둥글파(양파), 뒤생긴입동물(후구동), 따를성(주성), 땅굽힘성(굴지성), 땅옷류(지의류), 란할(난할), 리핵산(RNA), 린기름질(인지질), 먼저생긴입동물(선구동물), 물들실(염색사), 물들체(염색체), 물림새(메카니즘), 빛반응단계(명반응), 사랍체(미토콘드리아), 성따름유전(반성유전), 수짝씨란자(수컷정자), 쌍들물체(이분염색체), 아데노신셋린산(아데노신3인산), 어둠반응단계바뀜(암반응교차), 여러 당류(다당류), 오디배(상실배), 원등속줄동물(원색동물), 원밸(원장), 원입(원구), 잡종세여지기육종(잡종강세육종), 적도선아래부분(회색신월환), 제1정자어미세포(제1정모), 중간기(간기), 초리털(편모), 풀색식물(녹색식물), 피로포도산(피루브산), 하나당(단당류), 한결성(항상성), 핵산자름효소(제한효소).

4. 지구과학

감물(간조), 감탕(뻘), 따리조개화석(암모나이트), 강가다락층(하안단구), 강기슭침식(측방침식), 강자리호(우각호), 겉면파(표면파), 게오이드(지오이드), 고기압등(기압마루), 곱돌(활석), 공업버림물(공업폐수), 공작광(공작석), 광물의 모양(결정형), 그음색(조흔색), 기상관측함(백엽상), 기후형성요인(기후인자), 깬자리(깨짐), 끌힘(구심력), 남극주판(남극판), 내리끊임(정단층), 너비(폭), 높은더미구름(고적운), 대륙비탈면(대륙사면), 더미구름(적운), 더운전선(온난전선), 돌고드름(종유석), 돌기둥(석주), 돌무지(테일러스), 돌순(석순), 동조선해류(동한난류), 땅끊임운동(단층운동), 떡모양화산(성층화산), 모암층(모질물), 무더기 비(집중호우), 물기저장능력(보수력), 물모이구역(유역), 물스밈특성(투수성), 물안스밈특성(불투수성), 미세기(조석), 미세기흐름(조류), 바다가다락땅(해안단구), 바다밑산줄기(해저산맥), 바다자리호(석호), 바다홈(해구), 바람계(풍향풍속계), 방연광(방연석), 방패모양화산(순상화산), 벽개(쪼개짐), 보임광선(가시광선), 북조선해류(북한해류), 불길색반응(불꽃반응), 부채땅(선상지), 비구름(난층운), 비단층구름(권층운), 비량계(우량계), 빛화학연기안개(광화학스모그), 서조선해류(황해난류), 섬아연광(섬아연석), 세탈층(표토), 소낙구름(적난운), 쇠돌(철광석), 쏠림힘(마찰력), 암장(마그마), 얼음산(빙산), 온대철바람(온대계절풍), 온도비약층(수온약층), 올리끊임(역단층), 자침편차(편각), 장강기단(양쯔강기단), 종모양화산(종상화산), 지진물결(지진해파), 지축비탈(지축경사), 집적층(심토), 찬전선(한랭전선), 참물(만조),

철바람(계절풍), 층결(층리), 층구름(층운), 크물쌓임층(범람원), 토양생성모암(기반암), 판괴운동설, 판구조설(판구조론), 편향력(전향력), 평균바다물면(평균해수면), 평마루바다산(기요), 하루변화과정(일변화), 한해차(연교차), 해높이(태양의 고도), 해비침시간(일조시간), 흐름량(유량), 흐름속도(유속).

· 저자 ·

권완도   · 약 력 ·
(權完道)   원광대학교 문리대 졸업
단국대학교 대학원 교육학 석사
단국대학교 대학원 교육학 박사

민족화합운동연합 이사
남북경제협력포럼 전문위원
평화통일정책연구소 소장
단국대학교 연구교수
통일부 통일정책위원

· 주요논저 ·
「북한의 교육문화 정체성 연구」
「북한의 과학교과서 내용분석연구」
「북한의 과학기술교육 발전과정 연구」
「북한의 과학기술교육 체제 및 내용분석연구」
외 다수

북한의 과학기술교육 체제

· 초판 인쇄	2006년 3월 10일
· 초판 발행	2006년 3월 10일
· 지 은 이	권완도
· 펴 낸 이	채종준
· 펴 낸 곳	한국학술정보(주)
	경기도 파주시 교하읍 문발리 526-2
	파주출판문화정보산업단지
	전화 031) 908-3181(대표) · 팩스 031) 908-3189
	홈페이지 http://www.kstudy.com
	e-mail(e-Book사업부) ebook@kstudy.com
· 등 록	제일산-115호(2000. 6. 19)
· 가 격	22,000원

ISBN   89-534-4726-7 93370 (Paper Book)
       89-534-4727-5 98370 (e-Book)